新潮文庫

解縛

母の苦しみ、女の痛み

小島慶子著

新潮社版

10564

まえがき

　これは、私が生まれて初めて書いた生い立ちの手記です。自分のことを書くのは本当に難しく、苦しい作業でした。どうやったって、勝手なことしか書けないからです。同じ家族に生まれ合わせても、見る風景は違う。親子であっても、お互いを全く違う物語の中でしかとらえることが出来ません。書きながら私は、父や母や姉がこの家族をどのように生きたのかを、自分が全然知らないことに気がつきました。相手が本当に見ている風景は、その人の目になりかわらない限り、わからないのだと。

　あんなことを言われた、こんなことをされた。ずいぶんと大人になってから、私はずっと抑圧してきた家族への怒りを夫の前で爆発させ、カウンセラーに訴え続けました。どうしてこんなに膨大な怒りを抱え込んでしまったのか、自分でもわかりませんでした。二人の子どもを出産し、自身が母親になったことで、心の蓋《ふた》が開いたのでしょう。33歳で不安障害という病気になったときに、ようやく家族との間でずっと苦しんできたことに向き合うことができたのでした。

私の両親も姉も、ごく普通の人びとです。家族に期待をして、夢を持っていました。人は、一生懸命に幸せになろうとして誰かを追い詰めることがある。何気ない言葉で、相手を縛ってしまうことがある。家族という場では、それが至近距離で日常的に繰り返されるので、お互いに傷つけあうことにもなります。彼らは、私を精一杯愛してくれたし、彼ら自身も精一杯幸せになろうとした。それの何がいけなかったのだろう？人が生きるって、そういうことじゃないか。

けれど、私は家族との間にたくさん怒りを溜《た》め込んで、15年にも及ぶ摂食障害の果てに、不安障害を発症しました。初めは、自分の記憶の中にある家族への不満をぶちまけることで手一杯でした。不安障害の症状が半年ほどで落ち着いてからも、さらに何年もかかって溜め込んだ怒りを吐き出し、何が起きたのかを整理し、自分がどうして欲しかったのかを洗い出し、そしてようやく、彼らが誰であるのか、彼らがどのようにあの家族で幸せになろうとしたのかということに思い至りました。30歳で初めての出産をしてからの10年は、私が古い家族を巣立ち、新しい家族を引き受けるために必要な時間だったのだと思います。

私たちは、どうあがいても自分の身体《からだ》から自由にはなれません。身体が違うということは、実感が違うということ。それぞれが、自分にはこう見えた、自分にはそう思えた、という積み重ねの上に世界を描き出します。人は、思い込みの家族を生きるほかないのです。それで苦しむこともあれば、幸せにもなれる。修羅場にも聖地にもなるのが家族なのですね。そしてそのどちらにも、逃げ場はないのです。

いつか私の息子たちも、私の知らない家族の思い出を語り始めるでしょう。どれほど思いを尽くしても、彼らは私が見ているのとは違う家族を生きる。その彼らの物語と私の思いの、どちらが本当かを決めることは出来ません。

そう認めることは、なんと切なく、もの狂おしく、勇気のいることか。この手記を書いたことで、それを引き受けざるを得ない親の気持ちが、ようやくわかりました。

誰よりも強く私を求め、私に与え、私を追い込んだ人は、母でした。いま母性という原罪を生きる同じ女の身として、彼女の衝動は他人事《ひとごと》ではありません。私は母の娘であり、母は祖母の娘であり、延々と続く母の娘たちの連なりの果てにこの身がある。なんとしても、それを断ち切りたいと思いました。私は男を産んだことでその執着の鎖を断ち切ったつもりでいるけれど、息子たちが母の呪縛《じゅばく》に苦しむのを見て愕然《がくぜん》とする日を、やはり予感してもいます。

母なる縛りは、子の受難であるだけでなく、女が我が身にかける縄でもあります。私が母から自由になることは、母を解放することでもありました。ほどけた縄の中に、ただ幸せになりたかった弱い女の姿を発見したとき、私はようやく腹を決めて、その縄を引き受けることが出来た気がします。それは私を縛るけれども、このとらえどころのない世界に身体を繋《つな》ぎとめてくれる命綱でもあるのです。

家族から自由になり、もう一度出会い直すということ。思い込みの物語でも、私がどのように世界を見たのかを、振り返ってみようと思います。

目次

4章　憧れと敗北の女子アナウンサー　127

解縛

母の苦しみ、女の痛み

1章

母との遭遇

「アイ・ウォント・ブラッド！」

母に言わせると、私は田中角栄につつかれた女なのだそうです。

1972年7月、私は真冬の豪州で生まれました。オーストラリアの西の外れ、パースという街の川沿いに、今もアタデール保護区という場所があります。生まれたのはその辺りのようです。取り上げたのは地元の医師、ブッチャーさん。3800グラムの巨大な肉塊でした。長い陣痛の末に「アイ・ウォント・ブラッド！」と自ら輸血を願い出て命を賭《と》して産んだのだ、と母には何度も聞かされました。それは出産武勇伝であり、片言すらも怪しかった彼女の英語が自分と子供の命を救ったという英会話武勇伝でもあります。

昭和8年生まれの父は商社の鉄鉱石原料部門に勤めており、2度目の転勤先がパースでした。最初の転勤は、インド。まだ結婚する前に当時のボンベイに2年間行くことが決まったとき、母の両親は結婚に反対したそうです。海外に行くのが珍しかった当時、しかも行き先はインドと聞いて、転勤先で万が一夫が死んだりしたら、別居婚にして寡婦《かふ》ということにもなりかねないと心配したのです。しかし母は頑として結婚する意志を曲げませんでした。

どうも母方の祖母の葬儀で会った伯母の語り口からするとそれは母が父を深く愛していたからではなく、なんとしても商社マンの妻になりたかったからではないかと思われるのですが、物事は何でも語り手の心情で脚色されるものですから、娘としては、母が結婚を決めたのは愛の力であったのだと信じたいです。現に母はそう言っていたのですが、しかし「私は家が貧乏でなければもっといいところへ縁付いたはずであった」と常々語ってもいるので、打算というのもあながち嘘《うそ》ではないかも知れません。

そもそも母は「私のまつげが短いのは昼寝中に姉にハサミで切られたからだ」と繰り返し話していました。そんな民話めいたエピソードを鵜呑《うの》みにすることはできませんが、伯母の母に対する分析にもいくらかの感情的な偏《かたよ》りを感じるので、姉妹の間に軋轢《あつれき》があったことは確かなようです。いずれにしろ、「慶子ちゃんのお母さんはエキセントリックだよね」と長じてから従兄《いとこ》に言われたときに、ああ、おかしいのは私の方ではなかったんだ！とようやく霧が晴れたような衝撃を受けたことを思えば、母がきょうだいの間で多少の変わり者として通っていたことは想像がつきます。

娘から見ても、たとえ家が裕福であったとしてもその気だてでは良家の縁談はなかなか難しかったろうと思うのですが、母としてはなんとしてもそれは家柄のせいであったと思いたいようです。確かに、何でも自分以外のことが原因でうまくいかなかったのだと思う方が、人生の眺めは美しいものです。まして女の結婚とは、ここではないどこかへと駆け上がる手段でもあるのだから、きょうだいの多い貧しい暮らしから抜け出して、夢の海外生活への切符を手にできるとあれば、どんなことをしてでもそのチャンスを手放すまいとした気持ちもよくわかります。

夫を待つ2年の間、嫁ぎ先の家族と同居した母は、以後父の家族を決してよく言うことはありませんでした。甘えん坊の末息子の嫁として、バタ臭い顔をした自意識過剰の母が、下町気質《かたぎ》の姑《しゅうとめ》や義姉たちとともに住んだらどうなるかと想像するとぞっとしますが、きっと何かがあったのでしょう。先日、父方の伯父が亡《な》くなったときに、母に当時の話を聞いてみたところ、70代半ばになってさすがに善人として人生を全うしたくなったのか「もう過去のことです」とあっさりしたものでした。彼女は、思い込んだことが事実になるという非常に便利な記憶のシステムを持っているため、実際今となってはもういい思い出になってしまっているのかもしれません。生きる力って、こういうことなのかも。

角栄につつかれる

さて、田中角栄の話です。

パースに赴任してから2年ほど過ぎたころ、母は「ある日ショーウィンドーに飾ってあったレースのベビー靴下を見たら、どうしても赤ちゃんが欲しくなり」妊娠しました。念力です。実際は望んで工夫してめでたく妊娠なのか、思わぬ妊娠に後付けの物語なのかわかりません。ただ、9歳年上の姉が後年明らかにした情報によると、どうやら姉と私の間にあと二人ほど、生まれなかった兄姉がいたらしいので、母としてもどうしても産みたい子供だったのかも知れません。

そのとき母は35歳、父は39歳。今なら珍しくないですが、時は70年代。担当医のブッチャー先生にも周囲の友人にも「海外だし高齢出産だから諦《あきら》めなさい」と言われたのにも拘《かかわ》らず、産むと決めて臨んだ決死の出産だった……と繰り返し聞かされた娘としては、有り難いやら申し訳ないやらで、私は幼い頃から、なんとしてもこの人の愛に報いなければという強烈な恩義を感じていました。

もしもママが靴下を見て赤ちゃんを欲しがらなかったら、もしもママがみんなの言うことを聞いて私をお腹《なか》から出して捨てちゃったら、私、生まれていなかったんだわ。有り難うママ！　なのにお腹からなかなか出てこなくて、出血多量にさせちゃって、ごめんねママ！……自分は母親に多大なる借りがあると、幼いながらに責任を感じていました。どのような関係であっても、愛を伝えるときには、言い方一つで呪《のろ》いになるということをよくよく覚えておかなくてはなりません。

1972年7月に田中角栄が首相となり、74年、オーストラリア政府の招待により、シドニーおよびパースと西オーストラリア州北西部を訪問しました。ウィットラム首相との会談では、日本の増大するエネルギー需要に対してオーストラリアが石炭やウランやらたくさん用意しますよという話だったようです。そのとき、パースにいた日本企業の駐在員たちが田中首相を歓迎するパーティーでもあったのでしょう。2歳ちょっとになっていた私を見た田中首相が「『可愛《かわい》いね』と言ってちょんと頰っぺたをつついた」のだと母は自慢げに話していました。当然私はそんなことは記憶になく、母がことさらに言うのを見苦しいと思いつつも、ある一定の年齢層の人にはウケる小話であるという効用を後年発見して、時折座興《ざきょう》に使っています。

72年生まれというのは、親の給料は上がり続けて、いい学校に入ればいい就職と安泰な将来が待っているという刷り込みを繰り返し受けた世代です。しかもことあるごとに「21世紀」という言葉が持ち出されて、科学で全《すべ》ての問題が解決される素晴らしい未来がやってくると、いつも視線を先へ先へと導かれ、より遠くを見たものがより速く走ることができると、信じて疑わない子供時代でした。10代でバブルの華やぎを眺め、大人になるって祭りに参加するってことなんだなと期待と不安で胸をいっぱいにし、ノストラダムスの大予言を怖がりながらも、それ以外の理由で未来が自分を裏切るとは考えられませんでした。

それが、いざ社会に出る95年になってみると、バブル崩壊後の就職氷河期のただ中で、企業も社会も元気がなく、阪神・淡路大震災と地下鉄サリン事件が起きて、これから日本はどうなるのだろうという不安が世の中を覆《おお》っていました。もう「安全な世界」は潰《つい》えてしまったのだという心境で世の中に放り出されたのです。ああ、私のこれまで縋《すが》ってきたものは、なんという空手形であったことよ！としみじみ梯子《はしご》を外された理不尽さを味わった団塊ジュニア世代です。

私の両親は昭和8年と12年、姉は38年生まれですから、家庭環境としては団塊世代よりも十歳以上上なのですが、遅くに生まれた子供であったため、姉の謳歌《おうか》するバブル期の東京のＯＬの派手な私生活を身近に見ながら、都心住まいの同級生の渋カジフアッションを眩《まぶ》しく眺めるというハイブリッドな10代を過ごしました。

子供の頃の姉はアルバムで見ると端正な美少女で、私とあまり似ていません。運動ができて、勉強もできる、手のかからない良い子だったようです。しかし母が姉を語るときにはなぜかあまり熱がこもっておらず、幼少期には手作りの洋服をたくさん着せて大事にしていたようですが、姉が化粧をするようになると、母は私に「お姉ちゃんの目は、豚の目にそっくりよねえ」などと、子供心にもそれはいらない情報だろう!という一言を囁《ささや》いたりしていました。ちなみに豚の目は黒目がちで、哀《かな》しみを帯びたまっすぐな睫毛《まつげ》が陰を作り、なかなか風情《ふぜい》のある趣《おもむき》です。まして姉は素晴らしい緑灰色の瞳《ひとみ》を持っているのですが、母は何を思って女の子の容姿の形容に決して使ってはならないたとえを持ち出してきたのでしょうか。そしてその姉の目は、母とそっくりなのでした。

母と姉の関係は、女同士という感じでした。父との夫婦関係の悩みまで打ち明けて、母はずいぶんと姉に依存していたようです。自尊心が高く警戒心の強い母は、長女を絶対に裏切らない女友達の代用にしていたのでしょう。一人目は友達の代わり、二人目は自分の身代わり。母にとって娘は他者ではなく、自分を受け入れてくれる地続きの安全地帯であって欲しかったのかもしれません。それは子供の居場所がどこにもなくなるということなのですが、それにも気がつかないほど、母は孤独だったのだと思います。あの時代に限らず今に至るまで、仕事に邁進《まいしん》する夫と孤独を深める妻、その孤独を埋めるための道具になる子供、という構図は定番なのかもしれません。どこにも、子供の領分はないのです。

しかし子供とは生き延びるために親の愛情をまっすぐに信じるものです。私は、ママは私のことは欲しくて仕方がなくて、命がけで産んだからうんと大事な子供だと思っているんだ、といつも姉に対して優越感を抱いていました。私はママの特別な子供。お姉ちゃんは普通の子。それが姉に伝わらないはずがありません。

実際、9歳まで一人っ子として育てられてきたのに、ある日突然異国の慣れない生活の中で母親の愛情が妹に奪われたのですから、姉も相当辛《つら》かったでしょう。白豪主義《はくごうしゅぎ》の時代に現地校で人種差別的な扱いを受け、辛い思いをしていた姉にとって、母親の関心が急に自分から妹に移ってしまったことは、理不尽な経験だったのだと思います。まして時々子守りも命じられ、これがまた癇《かん》の強い妹でなかなか泣き止《や》まず、思わず頭から床に落としたことがあるというのも、赤ん坊の私が少女の腕の力では支えきれないむずかり方をしたからだと信じたいです。

駐在員の妻

あれは3歳ぐらいのことでしょうか。両親は会社のパーティーで留守にしていて、私はオーストラリア人のシッターさんに早く寝なさいとベビーベッドの上で尻《しり》を叩《たた》かれていました。泣き叫びながら私は、部屋の開け放したドアの向こうの廊下を通りかかった姉に大声で助けを求めました。姉は私の方を見て、黙って通り過ぎました。当然のことです。シッターさんは決められた時間に私を寝かしつけようとしていただけなのですから。

しかし私は、復讐《ふくしゅう》されたと思いました。ああいい気味だと思っている姉の胸の内が見えた気がして、お姉ちゃんは私を見捨てたんだ、と恨みに思ったのです。たった3歳で。それからずっと、姉への憧憬《どうけい》と猜疑心《さいぎしん》の螺旋階段《らせんかいだん》を上りながら大きくなりました。

パースでの記憶は絵葉書のように断片的で、数えるほどしかありません。友達はいなかったので、雄のダックスフントのドクトルという犬と遊んでいました。私にはドクトルを可愛がるという人間らしい心はなく、いつも樹脂《じゅし》でできた赤い丸いドーナツ型のおもちゃを真剣に奪い合う憎いライバルでした。それに赤ん坊の頃から人形が大嫌いで、散歩に行くときに母が持たせると、崖《がけ》のところで必ずベビーカーからぶん投げていたそうです。

人の形をしたものは可愛くない、見ているとなんだか腹が立ってくる、というのは今思えば怖かったんじゃないかと思うのですが、当時の私としては、憎たらしかった。しかし投げても投げても、日本から来たお客さんは決まってお人形をプレゼントしてくれるのでした。

駐在員の妻は大変です。日本から上司が出張してくると自宅でパーティーを開かなければなりません。母が忙しそうにしているときにキッチンに行くと、壁の凹《くぼ》みにたくさんの伊勢エビがひげを動かしていることがありました。必死でイカと格闘しながら、母は伊勢エビを冷凍庫に放り込んで仮死状態にしてから料理していました。

何かのときに情が移ったのか、一匹だけ伊勢エビを海に還《かえ》しに行ったことがあります。夕日のきれいな海辺で、家族で感傷に浸っていたのを覚えていますが、どうしてこれだけ食べないんだろうとずっと疑問でした。なんとなく、その時々の感情って身勝手だなあという割り切れなさを感じたからか、この光景は鮮明に覚えています。

日本からはしょっちゅう来客がありましたが、気難しくて有名な重役が来宅したときに出した人参《にんじん》ジュースが好評であったことを、母は長らく手柄にしていました。夫の出世のためにも印象を良くしておこうと駐在員の妻はもてなしに腕を振るうのですが、若い頃、丸の内で重役秘書をしていた母の自尊心がこうしたところで満たされていたのかもしれません。

ただ、はじめは夫を支えるという動機だったものが、だんだん自分が夫を盛り立てているという自負心に変わってくると、あれこれ父にダメ出しをしたくなったようです。夫の肩書き頼みの人生だから一緒になって出世を望むのは分かりますが、自分があたかも演出家になった気分で夫を嗾《けしか》けたり陰でけなしたりするのは子供から見ても嫌なものでした。「私好みの彼、私が育てた夫」をことさらに披露して自分の株を上げようとする女性は世代を問わずいますが、見ていてこれほど浅ましいものはないなあというのが正直な気持ちです。

男性はあちこちに縄張りを広げるという意味での支配欲があるようですが、女性は一人の人間の世界に君臨したいという欲が強いように思います。あの人にとって絶対に忘れられない女になりたいとか、子供にとって永遠に一番でありたいとか、いくら出世した夫でもあたしがいないと何にもできないとか。相手の世界を丸ごと手中に収めたいという執着が強いのです。

私もかつての恋人が、後に自分と似た感じの女性と結婚したときに「なるほどやはり私が忘れ難いのだな！」と勝ち誇ったような気持ちになったのですが、すぐに友人に「ほんとに彼はこの系統の顔が好きなんだね」と言われてハッと我に返ったことがあります。そうか、私が原型なんじゃなくて、同じくくりの顔の女が好きってだけのことか。ああこれが女の業《ごう》というやつだな恐ろしい、と他人事《ひとごと》のように呆《あき》れたものです。女は誰かの神さまになりたいのです。人を産むことができる性とは、本当に欲深いものです。

墓地に行く母

母は小柄な美人でした。笑うと歯茎が出るのが難点でしたが、それも気をつけて笑えばなかなかの美形で、少し西洋人のような面差しは美丈夫だった祖父譲りのようです。

祖父は男前で、役者にならないかとスカウトされたこともあったらしいのですが、没落士族の端くれとしてはそれも許されず、近衛《このえ》騎兵隊でユキとかいう馬と一緒に出征したのだそうです。それは一体いつの戦争だか、とにかくその名馬ユキだかが祖父の代わりに銃弾を受けて死んだという美談があって、その後は結局誰かの保証人になったら逃げられたりして貧乏しながらも、生来の男前ゆえ玄関の上がり框《かまち》に商売女が上がり込んできたりといろいろあったのだそうです。夫婦喧嘩《げんか》で祖母に手をあげる祖父を止めようと仲裁に入った幼い頃の母は、障子に鼻血が飛ぶまで吹っ飛ばされて、それでもお母さんはあたしが庇《かば》ったことにお礼の一つも言わなかったと長年恨んでいました。そんなダメ夫の祖父と祖母は、しかし死ぬまで一本の歯ブラシを使っていたというなかなか味わい深い話。

祖母はやはり没落士族の娘で、鼻ぺちゃを気にするおてんば娘だったとか。大学進学を希望していたところ家が傾いて夢かなわず、そこへ身内の婚約者があんまり鼻が高くていい男だったからという理由で横取りして駆け落ち。稼ぎがない夫を女学校の教師をしながら支えて、子供たちにはとにかく厳しい母親だったようです。

祖父が亡くなって家を引き払うときに、結婚当初からのアルバムを丸ごとタンスの上に忘れてきたのにケロッとしており、なんでお父さんと結婚したの？という質問にはいつも「鼻が高かったから」と見た目第一の返答で済ませていたという祖母は、件《くだん》の夫の元婚約者が身よりもないまま亡くなったときには、あろう事か祖父の入っている墓に入れてしまうという適当さ。

今頃は墓の中で三角関係になっていないだろうかと気がかりですが、これらの話も全て母からの伝聞ですので、何らかの加工は免れず、記憶違いもあるだろうし、本当のところはよくわからないままです。でもなんだか、私はこの祖母がとても好きです。

幼い頃に母親の愛を思うように得られなかったことが、私の母にとっては大きな傷だったようで、自分が得たくても得られなかったものを全て注ぎ込む対象として、私を産み落としたと話していました。パースではよく、幼い私を連れて墓地に行ったそうです。お墓ではね、たくさんの人の話し声が聞こえるのよ。とても楽しそうなの。だからずっと座っていてもちっとも寂しくなかったわ……子育てでかなり行き詰まっていたようです。その話を自分が親になってみて思い出すと、彼女の孤独がひしひしと伝わって気の毒なのですが、当の本人は至って楽しそうにその話をしていました。

それで最近、気がついたのです。それ、私と同じだ。

テレビやラジオに出ていても、こうしてものを書いていても、相手がいるかいないか、どんな人かなんて分からない。自分の思い込みの相手に向かって話しかけて、やはり思い込みでそれを受け取った人の返事に喜びを感じるなんて、私もやはり母と同じように、その距離でしか人と交われないのだと思います。

講演の客席にこの世ならぬ気配の人がいても、墓地でロケをしたら大入りの賑《にぎ》わいを感じても、怖くない。媒体越しのお客さんだって、確かめられないお化けのようなものだからです。それでも人を信じる気持ちになれる。その意味では、墓地で安らぎを感じた母と同じです。現にその母とも、対面で一緒にいることはできません。でも離れていると、似ている気がするのです。

私は彼女をよく知らないけど、結局私は彼女と同じことに難儀していると最近気がつきました。いることといないこと、近いことと遠いことの曖昧《あいまい》さに、ずっと戸惑っている。定まらぬ生身の交わりを母は幻想で生き延び、私は曖昧さを引き受けて期待することで生き延びようとしている。結局、私達二人とも、ずっと不安なんだね。分かり合うってことがずっと、分からないんだ。面倒くさい女のややこしい娘。それも当然だと思ったとき、私は少し嬉《うれ》しかったのです。

「お姉ちゃんは、私が嫌いなの？」

私が最初に美しいと思った女性は、母でした。オーストラリアに駐在していた頃、父と母はときおり連れ立って仕事のパーティーに出かけていきました。商社マンの妻として、晴れがましい席だったのでしょう。ドレスや着物で出かける母はいつも笑顔で、行かないでと泣き叫ぶ私を抱きしめる胸元からは、ゲランのMITSOUKOの香りがしました。両親がパーティーに出かけるということは、融通の利《き》かないベビーシッターがやってくるということですから、私にとっては受難のとき。なにしろオーストラリア人のシッターさんは、夜8時には私をベビーベッドに押し込み、どんなに抵抗しても無駄だったからです。

けれど、私は母がパーティーに出かけるのを見るのが好きでした。黒いロングドレスには大きな花柄が織り出してあり、白地に赤いバラの裾《すそ》模様の訪問着は母にとてもよく似合っていました。袋帯を締めるときには父が母の後ろに回って、力一杯締め上げていましたが、そのときの二人はいつもよりも真剣で秘密めいた感じがしたものです。

母のとっておきの指輪を見るのも好きでした。オーストラリア特産のオパールを初め、父が出張先で買ってきた様々な宝石。スターサファイア、ルビー、アクアマリン、アメジスト、猫目石、ムーンストーン。小学生になると私は母の留守の間にそれらをこっそり取り出して、あめ玉のようなムーンストーンを口に入れていました。冷たくてすべすべした半透明の白い石は、本当に月のかけらのようで、人差し指と親指で挟んで日に透かしているときに、大きな石を一つ、手の届かないベッドの後ろに落としてしまったこともありました。

　母は私が引き出しの奥に隠された宝石箱をまんまと見つけて取り出していたことや、香水の小瓶を開けてかいでいたことを知っていたのでしょうか。母や姉の私物を泥棒のようにのぞき見ては、私は早く大人になりたいと思っていました。

　母の私物は、私に大人になると高価で珍しいものが手に入るということを教えてくれました。そして9歳年上の姉の私物は、もっと生々しく、女が成熟していく過程を私に教えてくれました。

　なぜ、ママのパンツは大きいのにお姉ちゃんのはみかんぐらいに丸まったちっちゃな布なのか。子供心にも、干してある姉の下着を見ることはなんだか後ろめたく、生臭いような気さえしました。なぜ、ママのブラジャーは肌色なのに、お姉ちゃんのはいろんな色で、飾りがたくさんついているのか。私が初めて買ったブラジャーは木綿のおとなしい水玉模様で、毛玉ができるまで使いましたが、実際のところ必要性から言うとあってもなくてもいいようなものでした。母も姉も肉感的な体つきなのに、私だけが薄っぺらい体型であることを今も私は残念に思っています。姉は発育がよかったのですが、私は背ばかりのびて、ようやく初潮を迎えたのは14歳のときでした。

姉は、私にとっていちばん身近なお手本でした。彼女は、痛烈な批判精神を持つユーモアあふれる皮肉屋であり、正義感が強いのに意地悪が上手で、こと自分自身に関してはびっくりするほど感傷的なロマンチストでもありました。おそらく9歳のときに突如出現した妹によってそれまで潤沢に与えられていた親の愛情と注意を横取りされた姉は「不当な目にあった者はそうでない者より優位に立つ権利がある」と考えるようになったのではないかと思います。周囲にきつくあたる人はよく、私は奪われた、だから奪っても構わないのだと自分を正当化しますが、姉にもそのような帳尻を合わせようとする気持ちがあったのかもしれません。

姉は、いつも演技をしていました。私がふざけて手を引っ掻《か》いてしまったときの「痛いっ」という1秒にも満たない発語の中に「見て、私は妹に引っ掻かれたの。面倒なのを我慢して一緒に遊んでやっていたのに、恩知らずな妹よね。私は元々すごくかわいそうなのに、その上こんなことまでされて、あんまりだと思わない？」という表現を凝縮させることのできる、きわめて優れた役者でした。その証拠に、彼女の演技はその意図を正確に幼い私にも伝えていたのです。お姉ちゃんに優しくされると嬉しい、仲良くしたい、好きになってほしい。だけどこの人は、本当はいつも心の中ですごく私を嫌っているから、いつ何がきっかけで私に意地悪するかわからない、油断するな、という警戒心とともに私は姉への憧《あこが》れと親近感を育《はぐく》みました。

後に、結婚して夫とともにニューヨークに赴任した姉のもとに、私は夏休みを使ってホームステイをしました。姉は、片言の英語しか話せない17歳の妹に地図とお金を渡して、「マンハッタンの好きなところに自分で行って来て」と言いました。私は自立の旅をさせてもらえることを嬉しく思いながらも、姉が「これで事故か事件に巻き込まれて、妹が死んでくれたらいいのに」と思っているのではないかと、少し怖くもありました。

ある日、姉が持たせてくれた手作りのサンドイッチを食べずに持ち帰ってしまった私は、高級住宅地にある小さな美術館に行ったのだけど、辺りが気軽に弁当を取り出せる雰囲気ではなかったので食べるタイミングを失ってしまったと説明したのですが、それが生意気に聞こえたのでしょう。鼻血が出るまでひっぱたく、お決まりの叱責《しっせき》を受けました。姉は、床に飛んだ私の血を拭《ふ》きながら、ぶたれたあんたは可哀想《かわいそう》だったけど、サンドイッチを残したあんたは許さない、と宣告しました。

翌日、私は思い切って訊《き》きました。「お姉ちゃんは、私が嫌いなの？」そのとき初めて姉から「私はあんたがずっと羨《うらや》ましかった。何でもあんたの方が良くしてもらえて、悔しかったの」と聞かされたのです。そうか、私はお姉ちゃんから家族を横取りしたのか、とようやく気がつきました。

姉はいつもおしゃれで、英語がペラペラで、運動も得意で、私にとっては絶対に敵《かな》わない重圧であり、自慢でもありました。その姉が、ずっと私を疎《うと》ましく思っていることは知っていたけど、羨ましかった、という言葉は意外でした。本音を話してくれたことが嬉しくて少し気が楽になったと同時に、もう取り返しがつかない、と思いました。

本嫌いの私に根気よく黙読を教えてくれたのも、能と狂言に連れて行ってくれたのも、歌舞伎《かぶき》を教えてくれたのも、西洋絵画の面白さやオペラの魅力を教えてくれたのも、高級ブランドの名前や化粧品の使い方や、食事のマナーを教えてくれたのも全て姉でした。

バブル期の女性ファッション誌にはヨーロッパに精通していると自称する女性がセレブライフを綴《つづ》ったコラムが載っており、姉はよくそれを見せてくれました。「フランスの上流階級ではパンの皮だけを食べ、白い部分はちぎって鳩《はと》にやってしまいます。白い部分をありがたがって食べているのは日本人だけです」という主旨の文章を読んだときには中学生ながらげんなりしましたが、姉は国際的な舞台でも恥ずかしくない洗練されたマナーを私にも身につけさせようと、よくナイフとフォークを使って母の焼いた堅い豚のソテーを食べている私に、肘《ひじ》が上がっていると注意をしてくれました。

それでもカニのように肘を上げて豚の筋を切る妹を見かねた姉はある日、2枚の紙を私の両脇《わき》にはさみ、「これを落とさないように食事をしなさい」と言いました。それから毎日、正しい肘の形が身に付くまでの間、東京郊外の丘陵地帯を切り開いた新興住宅地の食卓で、私は両脇に紙を挟んで美しいマナーの修業をしたのです。その光景の滑稽《こっけい》さに薄々気づいてはいたけれど、結果としてこの修業のおかげで私はカニスタイルを脱することができ、世界のどこで食事をしても肘の高さだけは心配せずにすんでいます。姉に感謝です。

向上心旺盛《おうせい》だった姉は、きっと両親のいろいろな欠点が目について苛立《いらだ》っていたのでしょう。特に母には、口にものを一杯入れたまましゃべるというどうしても直らない見苦しい癖があり、これだけ美人に生まれてなぜこの悪癖を直すきっかけを得られなかったのかと不思議でならないのですが、とにかくいくら家族が注意しても直りませんでした。誰もが「一流」になれると妄想したバブル期の空気を20代で吸った姉は、洗練された暮らしに憧れていくら自分が知識を身につけても、家族と食事をするたびに、結局は自分が東京郊外のサラリーマン家庭の娘でしかないことを思い知るのが堪《た》え難《がた》かったのではないかと思います。親は言っても直らない。そこで私を選んだのです。自分が得た知識や高邁な趣味を、素直に継承し師と仰いでくれる妹に伝授することで、彼女は家族を少しだけ改造することに成功しました。

これも所詮《しょせん》、妹である私の偏見であり思い込みにすぎません。それでも彼女の渇きには深く共感します。私もそうだった。ここではないもっと素敵な場所へ、次のステージへといつも自分をせき立てていましたから。もっと賞賛されたい、嫉妬《しっと》されたい、注目されたい。他の女が羨むことが、幸せなのだと思っていました。

見られて、認められて、欲しがられる私。母も、姉も、私も喝采《かっさい》を求めていました。みんな孤独でした。今も昔も、観客不在の劇場は、誰を客席に突き落とすかの熾烈《しれつ》な争いの舞台なのです。

姉のいらだち

幼稚園に通っていた頃、大きくなったら何になりたいかを書く機会がありました。自分がなんと答えたのかは忘れましたが、同じ組の女の子たちがそろって「保母さん」「お母さん」などと答えていたのを見て、驚きました。

小さい子と遊ぶなんて！　どうしてそんなつまらないことをやりたがるのだろう。

泣いたり喚《わめ》いたりして赤ちゃんは可愛くない。小さい子はうるさいし、むしろ遊ぶときの邪魔だ。憎たらしいと思うことはあっても、世話したいだなんて、まさか!

ところが、ほんとに子どもが好きだからと友達は言うのです。自分たちもまだ幼稚園児なのですが、赤ちゃんやよちよち歩きの子どもが可愛くてたまらないと。妹や弟が大好き。それに、私の先生はとっても優しかったから、私もあんなふうになりたいの。

そんなふうにニコニコしながら答える友達を疑わしくも、羨ましくも思いました。私には、この人たちのような人間らしい感情がないらしい。小さい子のことをそんなふうに思えない私は、どこかおかしいのだろうか。

そのころ、小さな子どもや犬が私に気を許して寄ってくると、「可愛がってもらって当たり前だと思うなよ」と腹立たしく思っていました。自分が可愛がってもらえるはずだと信じているなんて、なんてずうずうしいのだろう。そこで彼らを邪険にあしらっては、胸がずきんとするような、むずむずするような背徳感を味わっていました。

可愛がられるってね、うんと大変なことなの。とても理不尽なことなのよ。なのに、当然可愛がってくれるだろうと言わんばかりの無防備な顔で、馴《な》れ馴《な》れしく私の好意を得ようとすり寄って来ないで頂戴《ちょうだい》。私は赤ん坊や犬の無邪気な瞳を、復讐するような気持ちで冷たく睨《にら》み返していました。

まだ5歳にもならない頃から、私はそういう子どもでした。可愛がられ慣れている者への恨みが募っていたのです。可愛がられるということは、天から与えられるご褒《ほう》美《び》であり、相手の気分次第で容易《たやす》く取り上げられてしまう特権なのだと思っていました。だから自分が存分に得られないものを、何も考えずに享受《きょうじゅ》する者たちが許せなかった。よその子どもが母親に抱きしめられているのを見ても、妬《ねた》ましく思っていました。なぜ、あの子を特別扱いするのだろう、なぜ私を一番可愛がってくれないのだろう。どうして誰も、自分の子よりも私の方を無条件に気に入ってくれないのかしら。母親の強い執着の対象であったにも拘わらず、私はいつも、誰かが無条件に他者に受け入れられているさまを妬ましく思っていました。

可愛がられるためには、可愛がってやってもいいという相手の承諾を得なくてはならないのだと私は考えていました。しかもそれは自分から申請出来るものではなく、相手がそのような気分のときにのみ与えられるものであり、相手の気分を満たす分だけ可愛がってもらえるのです。すなわち可愛がられるということは、極めて限定的な僥倖《ぎょうこう》なのだと。

たとえば姉が私を可愛がりたいときには頬っぺたをなでてくれたり、冗談を言ってくれるけれど、もし何か機嫌を損ねることを言ったり、調子に乗って戯《じゃ》れ付いたりすると、たちまち状況は一変して、侮蔑《ぶべつ》と拒絶がギロチンの刃のように落ちてきます。姉妹の幸せなひとときは幻と消え、可愛い妹だったはずの私は、調子に乗ってつけあがった目障《めざわ》りな子どもの地位に転落するのです。魔法は不用意なひとことや、ちょっとした返答のミスですぐに解けてしまう。しかもそれがどのような法則に則《のっと》っているのか、いつまで経《た》っても私には見当がつかないのでした。

今思えば、姉もきっと苛立っていたのでしょう。母は夫に対する不満や育てにくい次女の愚痴などを長女にこぼしていたらしく、それを真に受けた姉の感じた重圧は相当なものだったのではないかと思います。不届き者の成敗こそが親孝行とばかりに、姉はときおり私に容赦なく制裁を加えました。それは姉なりの正義感に基づく行動だったのだと思います。結果として、ちょっとしたことで姉の機嫌を損ねると、すぐに私は無様な失態をおかした報いを受けることとなりました。

寵愛《ちょうあい》は一瞬にして排斥に変わるという体験を重ねることで、私はいつも束《つか》の間《ま》の虹《にじ》のように消えてしまう安らぎと親しみに満ちた時間を、恐れと憧れの狭間《はざま》から窺《うかが》い見るような心持ちで暮らしていました。だから、誰かを可愛がるということが自分に許されているとも思わなかったし、それを無邪気に求める者に対して憤《いきどお》りを感じていたのだと思います。

2章

「トモダチ」のお母さん

夜、たったひとりで

あなたは、最初に遊んだ友達を覚えていますか。私が初めてトモダチと出会ったのは、オーストラリアから日本に帰国した4歳の頃。母の友人の娘で、髪の長い、優しい女の子でした。二人きりの薄暗い部屋で、私ははじめて言葉の通じる親切な女の子と、短い遊びの時間を持ちました。

それまで私には日常的に遊ぶトモダチは一人もいませんでした。庭にしゃがんでいると、飼い犬がやってきて私のお気に入りのおもちゃを横取りします。それを取り返すことには執心したけれど、ドクトルという名のその犬を可愛《かわい》がったかどうかは覚えていません。おもちゃを奪う聞き分けのないやつが庭にいる、という感覚でした。後に小学校高学年になった私は「オーストラリアを離れるとき、ドクトルと別れるのが寂しかった」という作文を書き、書きながら本当に哀《かな》しい思い出のような気がしたのですが、そういう作り話が出来るほどの言葉を持たなかった頃の私は、それを犬と人間という関係で捉《とら》えることすら出来ていなかったように思います。

たまに遊んでくれたはずのベビーシッターさんとの記憶もありません。そう言えば1回だけ、男のシッターさんが来ました。学生の小遣い稼ぎだったのでしょう。珍しいシッターさんの気を惹《ひ》こうと近くに行ったのに、全く相手にされませんでした。仕方なく、ソファの後ろにうずくまって、本を読むえんじ色の大きな背中と巻き毛を眺めていましたが、今思うとあの気持ちは、かなり性的でした。3歳でも、若い男に無視されると傷つくのですね。

異性の身体《からだ》の原風景が自分を拒む背中だったのは、自意識過剰な子どもだった私にとって不幸なことでした。今も私は男性の大きな肩甲骨《けんこうこつ》が好きですが、たいていの男性は自分を疎《うと》ましく思うに違いないという思い込みからも自由になれません。思い込みではなく実際そうなのかもしれませんが、幸いもう結婚もしているので、構うものかと思っています。

小学1年生のときに住んでいたシンガポールの家では、アマさん（お手伝いさん）が、両親が会社のパーティーから戻るまで、私を抱き寄せて本を読んでくれました。言葉も本の中身もわからないけれど、優しくしてくれているのはわかりました。

彼女たちは、オーストラリア人のシッターのように私のお尻《しり》を叩《たた》いて寝かしつけることもなかったので、タイルばりのリビングにスタンド一つつけただけの熱帯の夜を、帰ってくる両親の車のエンジン音を待ちながら、温かい膝《ひざ》で眠ることができたのです。甘い匂《にお》いのする内気なアマさんたちが、私が最初に出会った優しい女の人でした。

2年生で香港《ホンコン》に引っ越してからは、母はアマさんを使うのをやめました。広くもないマンションに女中部屋までついていましたが、そこは物置になりました。母は他人を家に入れるのが嫌だったのです。

夜の留守番は、私一人になりました。時間をつぶすには、本を読むしかありません。風邪を引くことが多かったので、薬を飲み、VICKSドロップを1箱なめきり、本にも飽きて、あとはひたすら毛布を被《かぶ》って妄想に怯《おび》えていました。マンションの裏山から日本兵の骨がたくさん出たってママが言っていたけど、本当かしら。こないだスクールバスの中で回し読みした「本当にあった怖い話」では霊安室からお化けがベッドの中に入ってきたって書いてあったけど、今からここに来たらどうしよう……死んだらどうなるのかな……今、リビングの方からオーイって呼ばれた気がする……もう10時を過ぎたけど、このままパパとママが帰ってこなかったらどうしよう……時計を抱えて泣きながら寝ると、怖い夢ばかり見ました。

やがて私は、寝ている間に大声で寝言を言いながら歩き回るようになりました。家中の引き出しや扉を開けて、両親を捜して歩いたのです。「ぱぱー、ままー、出てきてよう、どこー」と嘆願しながら歩いていて、玄関の扉の前に並べてあったイスにぶち当たって我に返ったことがありました。寝ぼけて外に出ないように両親が置いていったイスです。

目が覚めて自分がほんとうに一人だということに気がつくと、部屋の床が抜けるような不安に襲われました。地上24階で、私が泣いていることは誰も知らない。怖い夢から醒《さ》めても抱いてくれる人がいないことに気がつくのは、子どもにとっては夢より怖いことでした。

洗練された先住民

最初のトモダチと出会った4歳の頃、私は東京・清瀬《きよせ》市の団地に住んでいました。オーストラリアから引っ越してきてすぐの頃、母と歩いていると砂場に同じくらいの年の子が二人遊んでいるのが見えたので、おお、あれがトモダチか！と思いました。仲間に入りたかったのですが、母は通り過ぎてから「あの子たちは今、ダヨ言葉で話していたでしょう。だから一緒に遊んじゃだめよ」と言いました。

なるほど、トモダチというのは選ばなくちゃいけないんだな、とそのとき私は学びました。ダヨというのは悪い言葉だから、悪い子だったのだ、さっきの子たちは。じゃあ私は混ざれないのかと残念でした。4階のベランダからよく一人で下を眺めていたのを覚えているので、実際それほど団地の子とは遊ばなかったのかもしれません。

最初に遊んだあの髪の長い子とは、父が日野市に一戸建てを建てたころから会わなくなりました。新しい街で、私は初めて複数のトモダチと出会います。子ども社会にようやく足を踏み入れたのです。まだ幼稚園に上がる前、東京郊外の新興住宅地は空き地に家が建ち始めたばかりでした。どんな組織でも先にそこにいた者の方が上位なのが子ども社会です。引っ越してきた私は、最下位からのスタートとなりました。

その子どもの群れで最も発言権が強かったのは、浅黒い肌にポニーテールの後れ毛をふわふわさせたサオリちゃんでした。サオちゃんは私と同い年で、よく茶色い細かい縦縞《たてじま》の生地のワンピースを着ていました。女の子らしく体つきがぷくぷくした彼女にぴったり合うサイズのその服は、はと胸のなだらかな起伏に沿って、子ども心にも触ってみたくなるような優美な曲面を作り出していました。二つの丸い丘の下には柔らかいお腹《なか》のふくらみがあります。布はシワ一つなく身体に貼《は》り付いていました。どうしてそんなにぴったりなのかというと、彼女の母親は子どもの服を作るのがとても上手なのです。胸の両側には、張りつめた前身ごろを際立《きわだ》たせるようにヒラヒラした共生地のフリルが縫い付けられていました。ウエストのところで切り替えになったワンピースは、後ろでリボンを蝶《ちょう》結びにするようになっていて、スカートがふわっとしています。当時人気だったキャンディ・キャンディに出てくる女の子が着ていそうな素敵な形のそのワンピースは、浅黒いサオちゃんを賢そうに大人っぽく見せていました。

サオちゃんは新入りの私を見下していました。なにかと命令されたり得意げに注意されたりするのは腹立たしかったし、妹よりも器量の悪い赤い縁の眼鏡をかけたサオちゃんの姉も説教がましくて嫌でした。私が自分の姉を名前で呼んでいたのを「日本では年上を呼び捨てにしたりしちゃいけないのよ」と言って「お姉ちゃん」に変えろというのです。よその家の習慣にまで口を出すなんて厚かましいと思いながらも、言うことをきかないといけない気がして、私は姉を名前で呼ぶのをやめました。あのときやめなければ、その後の姉との関係は違っていたかもしれません。

サオちゃんの母親は、土や木綿を大事にする人のようだったけれど、どこか人をバカにしたような冷たい感じがして、好きではありませんでした。父親はヒゲを生やした趣味人ふうで、やはり自分たち家族は特別だという顔をしていました。彼らの家は周囲の家のような建て売りや住宅会社の設計ではなく、サオちゃんの父親の設計したものでした。おそらくあの一家はそのことをとても誇りに思っていたのでしょう。周りに新しく建つ安普請《やすぶしん》の家と違って、自分たちは洗練された先住民なのだという自負があったのです。

あの家の記憶

一家が嫌いだったにもかかわらず、その家は私に強烈な印象を残しました。特に居心地が良かったわけではありません。いつ遊びに行っても歓迎されていないのはわかりましたし、軽んじられているのも不愉快でした。好みの設計だったわけでもありません。1階には土間があって、生活空間は全《すべ》て2階にあるのも変わっていたし、ダイニングとリビングとキッチンが一続きになっていて、見通しの利《き》くところに子ども部屋があるのも当時の家にはあまりないことでした。

でも、変わったつくりだったからこそ、その家は私にとってひとつの舞台装置として記憶され、その後いくつもの物語を頭の中で映像化するときに用いられました。

『賢者の贈り物』の貧しい夫婦がプレゼントの交換をした場面はその家のダイニング、『アンネの日記』の本棚の隠し扉は子ども部屋の脇《わき》の壁、最近読んだ高橋源一郎『さよならクリストファー・ロビン』に出てくる、子どもの作り出した「お友だち」がやがて忘れられてやってくる家にも、あの一続きの部屋が登場しました。こうして書くまでそのことに気がつきもしないほど自然に、私が物事を認識したり想像したりするときの素材として、あの家の記憶が繰り返し使われているのです。

なぜこんなにあの家が心象化したのかと考えると、やはりそれはどうしても自分には居場所がないということが原因だったのではないかと思います。あの一家の物語が意識的に刻まれた空間だったために、自分がそこから完全に排除されていることを強烈に感じたし、結果として好きでもないのに仔細《しさい》に観察して、気配にも敏感になってしまったのでしょう。

こうして好むと好まざるとにかかわらず身体化してしまった風景がその人を形作ってしまうのかも知れないと思います。私がもし違う風景を習慣的に見て育って、無意識のうちにそれを何回も再生していたら、同じ脳みそでも違う思考傾向になったかもしれません。世界一美しいともいわれる海辺の街で生まれ、熱帯の珍しい風景もたくさん見たにもかかわらず、親切でもなかった一家の陰気な家が私の思考の背景の一部なのかと思うと気が滅入《めい》りますが、面白いことだとも思います。
遊んでいるときに揉《も》め事が起きると、サオちゃんは親か先生のように振る舞いました。あるとき私が路上で誰かと言い合いをしていると、花道から登場するように自宅から出てきた彼女が「本人が嫌だっていっているんだからやめなさいよ」と私に向かって叫びました。

彼女が覚えたての「本人」という言葉を聞こえよがしに使って、家の中で聞いている母親にも、その言葉を知らない他の子どもたちにも自分の賢さを印象づけようとしたことがわかりました。わざわざ「本人が」と言わなくたってわかりきった状況であるにもかかわらず、喧嘩《けんか》を仲裁する優等生を演じながら仕入れたばかりの自分の知識をひけらかすなんて、嫌なやつだと思いました。私だって「本人」ぐらい知っている。うまい使い方も知らないくせに、それに私が気付かずに感心するとでも思っているのかしら。まだ幼稚園に上がるか上がらないかぐらいの歳でも、私はそういう小細工には敏感でした。

しかし何かと優位に立とうとするサオちゃんから、私は離れることが出来ませんでした。サンリオのキャラクターが大好きな彼女は、ハローキティを最上位のキャラクターとして独占し、お揃《そろ》いの小物は好きな子にしか使わせませんでした。彼女が赤いキティちゃんのついた真新しい自転車を手に入れると、お気に入りの友達にだけ、お揃いを買うことを許したのです。お揃いを許されない子でも、何人かは色違いを許されました。

私も色違いを許されて、集団の中で順位が上がったような気がして嬉《うれ》しかったのですが、早速買いにいくともう品切れで、同じサンリオの自転車シリーズでもあまり人気のないパティ&ジミーというキャラクターのものしかありませんでした。お披露目に乗っていっても誰も賞賛してくれず、私はこのとき以来、自分はいつもこのように間が抜けていて時流には乗れないのだという思い込みを持つようになりました。

友達のおもちゃを盗む

今日もまたツケツケと小言を言われながら遊ぶのだとわかっていても出かけていく私は、彼女の持っているプラスチックのピンクのカギのおもちゃが欲しくてたまりませんでした。合成着色料のような鮮やかなピンク色に金色で縁取りのされたそのカギは、どこかのギフトショップのおまけのようでしたが、とても洗練されて見えました。彼女はそれを二つも持っているのです。

気取った感じのそのカギは、いつもおしゃれで要領のいい彼女の象徴のようで、キラキラしていました。私は自分が「これちょうだい」なんて言い出せない身分であることを知っていたので、いつも長い間いじくっては彼女に取り上げられていました。それである日、我慢できなくなってこっそりそれを持ち帰ったのです。

自分が友達からものを盗んだことに動揺しながらも、カギが自分のものになったのは嬉しかった。ところが持ち帰ったカギは魔法が解けたように味気なく、サオちゃんの家で見るときほどは輝いていません。なんだか厄介なものを手に入れてしまったと思ったのですが、翌日遊びに行ったとき、彼女が意外にもカギが一つないことに気づいていなかったことが私を気分よくさせました。大変なことをして自分が汚《けが》れてしまったという気持ちと、彼女に対する優越感とがないまぜになって、態度がおかしかったのでしょう。ほどなくして、娘の不審な様子と見慣れない小物に気付いた母に詰問《きつもん》され、私は母とそれを返しに行くことになりました。

サオちゃん母娘は、しつけの行き届いていない子どもとその母親を前にして、高揚していました。被害にあって傷ついているが、詫《わ》びにきた愚かな人たちを哀れみ許す、という配役に酔いしれているように見えたのです。人のものをとっておきながらそんなことを思う自分の性根にも、やはり嘘《うそ》泣きしてみせるサオちゃんにも嫌悪感《けんおかん》を抱きながら、私は敗北感でいっぱいでした。

どんなに嫌なやつでも、泥棒をした私よりも、していないサオちゃんの方が立派なのです。汚れてしまった自分を嘲笑《ちょうしょう》してざまあみろと思っている自分と、あんな小芝居にうっとりして馬鹿《ばか》みたいだと相手を軽蔑《けいべつ》している自分とが同居して、持って行き場のなくなった感情は凝《しこ》りのようになって私の中に留《とど》まりました。

サオリちゃん一家は何の悪意もない人たちだったのかも知れません。おそらく私が一方的に劣等感を募らせ、曲解し、記憶を濃縮しているだけなのでしょう。ただ、あのとき私がそのように世界を見たということだけは確かです。

それにしても、どうしてこんなにひねくれた子どもだったのか。その嫌らしさを知っているから、私は女の子を産みたくなかったのかもしれません。息子を預かってくれたあるベテランのベビーシッターさんが言っていました。「男の子は世話をしていて身体が疲れる。でも女の子は心が疲れるのです。すぐ泣く、拗《す》ねる、嘘をつく」と。学齢前の幼児の胸の内にもあんなに不健全な感情が宿るということを身を以《もっ》て知っているから、私は女の子を愛せる自信も、ちゃんと育てられる自信もなかったのだと思います。

もし娘を産んでいたらその気持ちは変わったのか、それとも本当に愛せなかったのか、わかりません。でも私が未《いま》だに、幼女ですら女が怖いのは、自分の負の感情の記憶が鮮明であることも一因なのだと思います。

憧《あこが》れの女の子

私には憧れの女の子がいました。コトちゃんです。家が遠くて一緒に遊ぶことは殆《ほとん》どなかったけれど、目がくりっとして可愛くて、みんなに好かれていました。私にも優しくて、それに賢かった。甘くて清潔な感じがしました。私はコトちゃんみたいな女の子になりたいと思いつつ、元々の真ん中の部分が違う気もしていました。

小学校に上がるとき、音楽の学校に行くことになった彼女とお別れをしたときには本当に残念でした。ああ、きれいな人がいなくなってしまうと思うと同時に、やっぱりコトちゃんはお似合いの世界に行くのだなあと納得もしたのでした。音楽の学校はきっと、ランドセルも黒いのだろうな。

私は国立の小学校の受験をして不合格になっていました。姉が通っていた国立中学と同じ系列の難関校を殆どなんの準備もなしに受験したのです。近くに受験塾がなかったのか、経済的な理由からか、あるいは出来のいい姉と同じように自力で何とかなると思ったのか、母は私に数冊のワークブックを練習させたぐらいで受験に臨ませました。

姉の通っている中学校の保護者会に出席する母について行ったときに、私は学校という場所をはじめて知りました。中学生の姉は私を連れて各教室を回り、幼児に向けられる注目と社交辞令と「ぜんぜん似てないね」という反応を楽しんでいました。姉はどちらかと言うと日本風の美人でしたが、私は洋風の丸い目をしていたので、友人たちは珍しがって集まってきたのです。

姉がいつもよりも私を可愛がってくれているようで嬉しくなった私は、なんとかお姉ちゃんを喜ばせようと思いました。それまでどの教室でも、「似てないね」と言われると姉は絶望した様子で大げさに机に突っ伏して、周囲を笑わせていました。何カ所めかの教室で、お決まりの「かわいいー」の合唱のあと、男子が「お前と全然似てないな」と姉をからかったとき、私は姉と同時に机に突っ伏して、絶望ごっこをしました。とたんに姉は顔をこわばらせて、教室を出るなり「あんたはやらないでいいのよ。意味もわからないのに真似《まね》しないで」と私にきつく言い渡しました。

そうか、あれはお姉ちゃんが注目を浴びるための仕草だったのだな、笑いの瞬間に便乗してお芝居を台無しにしてはいけなかったのだと私は学習しました。しかしそのときに感じた生徒の活気は忘れがたく、黒いランドセルを背負い、制服を着てあの中学の系列校に通うのは素敵なことに思えました。

しかし試験会場に行って、私は自分が場違いであることにすぐに気がつきました。周囲はよく訓練された子どもばかり。テストを受けているときの鉛筆の音や張りつめた空気からも、この人たちはちゃんとした人なんだ、まじめにやっているんだという雰囲気が感じ取れます。私は筆記テストで岩陰に隠れたカニの数を数えるのに飽きてしまって、キョロキョロしたり身体をイスからずらしたりして、早く試験が終わらないかなあと思っていました。

そんなふうだったから受かるはずもないのに、発表の日、番号がなかったことに私は少し傷つきました。掲示板をあとにしながら、この並木道を黒いランドセルで歩くことはないのだと思うと、目新しい世界への切符を手に入れ損なったことが残念に思われました。でも同時に、これであの合皮の赤いツルツルのランドセルを買ってもらえると思うと、それはそれでちょっと嬉しかったのです。

知らない間に巻き込まれた勝負で成り行きの敗北を喫しても、自尊心は傷つきます。なんだ、このとばっちりみたいな負け戦はと、子どもも心にも納得いかない気持ちで私を慰める両親の言葉を聞いていました。両親が期待したほど、元々賢い子どもではなかったことがこれで判明したのです。努力なしで受かるほど世の中は甘くありません。ですから、きっと一生懸命勉強して音楽学校の試験に受かったであろうコトちゃんは、私から見てもまさしく正統派の受かるべき人であり、やはりどうしたって最初から私とは出来の違う子どもに見えたのです。感じのいい美人のお母さんと一緒に、また遊ぼうねと言ってくれたコトちゃんと会うことは、その後二度とありませんでした。

私が通うことになったのは、造成地の丘の向こうの地元の公立校です。期待していたランドセルはしかし、祖母の選んだつや消しの牛革製でした。

「3歳から反抗期」

私が初めて通った学校は、多摩丘陵の尾根の彼方《かなた》にありました。真新しいランドセルを背負って、近所の子たちと一列になって歩いた通学路は、まだ歩道も整備中の、赤茶けた埃《ほこり》を被った道路でした。どこもかしこも造成中の町。大人になってから、京都から東京に来た人が「東京って、いつ作り終わるんだろう」と言ったのを新鮮な驚きとともに聞いたのですが、昭和50年代の東京郊外は、まさに急速に町の姿が変わっていました。山が公園になり、空き地に家が建ち、いつもどこかで金槌《かなづち》やドリルの音がしていたように思います。変質者が出た場所をびくびくしながら通り過ぎて、古い団地を二つ過ぎ、長い坂を下ると道が平らになります。そこから中学校の前を過ぎると、ようやく小学校に到着です。

入学式の日に何より残念だったのは、1年生の教室が、校庭に建てられたプレハブ校舎だったことです。こんな学校なら行かない、とすっかり拗ねた気持ちになりました。姉の保護者会で見た学校は、石で出来た立派な建物でした。声の反響する廊下やひんやりした階段があって、大人の世界に混ぜてもらっている感じがする場所。私も今日からそんな建物の中に自分の机をもらえるのだと思って来たのに、子どもの目にもペラペラで急ごしらえの青い屋根のプレハブ校舎は、床板が虚《うつ》ろに鳴って落ち着きません。ただでさえ子どもが多いのに、丘の向こうに新しい街が出来てさらに子どもが増え、新1年生は校舎に入りきらなかったのです。

入学式の日に着ていたのは、焦《こ》げ茶色のワンピースでした。大人になってから見るとなかなか洒落《しゃれ》たいい服なのですが、子どもの私は、お利口そうな紺色のワンピースにふりふりのついた白い靴下をはいて行きたかったのです。焦げ茶という珍しい色に加えて、服地も厚手で、肩にボタンで留める輪っかのついた、細部が男の子っぽい服でした。それは髪も目も茶色い私にはよく似合っていたのですが、気持ちは全然盛り上がりませんでした。

何よりも屈辱的だったのは、クラスの集合写真を撮るときに、背が高いからと真ん中から端に移動させられ、先生に校旗の端っこを持つように言われたことです。みんなはちゃんと写るのに、私は旗で半分身体を隠すようにして写らなければならない。重くてごわごわした旗の手触りも嫌だし、なんで私だけ旗持ち係なんだろう！と納得のいかない気持ちでいっぱいでした。

ぶんむくれて写真に写った私は、ランドセルはつるつるじゃなくてザラザラしているし、教室はプレハブだし、旗は持たされるしで、いきなり初日から学校が嫌いになりました。でも、新しい教科書にはきれいな絵やくっきりした字が書いてあって、紙のいいにおいがしました。人生で初めての担任の先生は中年の女性で、優しくしてもらったような気はします。9月にはシンガポールに転校してしまったので、はっきりとした記憶はありません。

私はあまり先生に好かれる子どもではありませんでした。幼稚園の年少のときの受け持ちの先生は、ショートカットの活発な若い女性。大好きでしたが、先生はいつもちょっと迷惑そうな、困ったような顔をしていたのを覚えています。年長のときは細面で美人の先生。はっきりと嫌われているのが分かりました。好かれている子が羨《うらや》ましかったですが、私が疎まれた理由については記憶がありません。母には「慶子は3歳からずっと反抗期だ」と言われていましたので、扱いにくい子どもだったのでしょう。

しかし親になった今となっては、母が若い先生にどのように接していたのかが気になります。レストランで注文をするときにも気取った態度を取る母が、先生を軽んじることはなかっただろうか。女同士の以心伝心で、先生が私たち母娘を疎んじたのではないだろうか……とつい勘ぐってしまうのは、あまりに身勝手なことと分かってはいるのですが。

親の序列は子どもの序列

1979年、私が1年生になって間もなく、父がシンガポールに単身赴任しました。何通もの手紙にブーゲンビリアの花を挟んで、父は家族を呼び寄せようとしました。南国の鮮やかな風景を綴《つづ》り、木陰には涼しい風が吹いていると書いて、やがて暑さが苦手な母の心を動かすことに成功。行ってみたらそこは熱帯で、騙《だま》されたと怒る母に父は「エアコンの風が気持ちよかったのでつい」と言い訳していました。

夏休みの前には、私にも引っ越しの話が告げられました。シンガポールに行ったらね、白い大きなお屋敷に住めるのよ。テニスも習っていいし、ヴァイオリンの先生も見つけてあげる。緑の広い庭があって、そう、あなたの生まれたパースの家みたいに大きくて素敵なおうちなのよ。

私はすっかり舞い上がりました。お姫様みたいな暮らしが出来る。それから毎日、小学校までの長い通学路を歩きながら、友達に引っ越しの話をしていました。はしゃぐ私に友達は言葉少なでした。でもお構いなしに、私は素敵なお屋敷の話を続けたのです。ある日、大人びた同級生のサオちゃんの不器量な姉が私に言いました。「シンガポールの話ばっかりしてるけど、それ自慢っていうんだよ。やめなよ」しまったと思いました。でも、いいや。だってみんなもうすぐお別れだし。私には新しいお友達がたくさん出来るから。

シンガポールに着いたのは、夜でした。迎えにきた父と合流してたどり着いたのは、車が停まったらいっぱいのアプローチ。その横に3メートル四方の芝生と生け垣、レモンの木が1本あるだけ。くすんだ白っぽい2階建ては、周囲の家と比べても地味な家でした。お屋敷は!?とショックを受ける私に、両親は決まりの悪そうな様子で言葉を濁しました。騙されたのです。あんな嘘、なんでついたの？と憤り落胆しながら、テニスもヴァイオリンも習わせてもらえないことを、もう分かっていました。やっぱり私の夢は叶《かな》わないんだ。そしていよいよ、新しいお友達との日々が私を待っていたのです。

新しい町で、新しい友達に出会う。シンガポールに引っ越した私は、初めてのスクールバスにわくわくしていました。そのとき、どんな場所でも子どもがいるところでは、先にそこにいた者が上位であるという原則を私は分かっていませんでした。好きな席に座ってはいけないのです。誰の場所でもない、名前のない場所に大人しく座っていなければならなかったのに、私は既に地図が塗りつぶされた場所に、何も言わずに足を踏み入れてしまいました。しかもまだ、1年生だというのに。

1979年当時のシンガポール日本人学校は、在外日本人学校の中でも最大規模だと言われていました。狭い校舎に子どもたちがひしめいていて、通学はスクールバス。私の住んでいた通りにも数世帯の日本人家族がいて、それなりに子ども社会が出来上がっていました。日本人学校の子ども社会には、企業のヒエラルキーや親の人間関係が密接に影響します。みな、それなりに名のある企業の海外赴任組ですから、親同士の上下関係が複雑で、私の母も誰のうちはどこの会社、ということをずいぶんと気にしていました。

小学校の低学年で私は「一番上は外務省、大使の下が公使、次は興銀、東銀、都銀でその次が商社、三井物産、三菱《みつびし》商事、住友商事、伊藤忠《いとうちゅう》商事、それからその下にメーカーと保険会社、一番下は航空会社、だって他のみんなは乗ってあげてるお客さんだから」という企業ヒエラルキーを諳《そら》んじるようになりました。母がいつもそのように言うので、すっかり覚えてしまったのです。子どもがそんなことを覚えるなんて嫌らしい世界ですが、駐在妻の狭い輪の中では、そうした序列が当たり前だったのでしょう。

よく「帰国子女だから国際感覚豊かに育ったのでは」と訊《き》かれますが、シンガポール、香港と日本人駐在員の多い国で日本人学校に通った私にとって、海外生活は日本社会の濃縮版のようなものでした。企業社会の理屈と順位で人間関係が決まる、日本にいる以上に狭くて息苦しい社会。ただ幸いなことに、当時のシンガポールも香港も多民族社会であったために、そうした濃密な固有の共同体が幾《いく》つも共存していました。自分のおかれている日本人社会が「幾つもある内輪の世界の一つ」であると認識できたのは救いだったかもしれません。

親の社会が序列化されていたのと同様、子どもたちもより長く、より多くの海外駐在を経験している子の方が偉いという暗黙のルールの中で暮らしていました。転入転出は日常茶飯事でしたが、新入りにはいじめの通過儀礼があります。日本から初めての海外駐在で来る子どもに対してはとくにそうで、私はそうとは知らずに憧れのスクールバスに乗り込んでしまったのです。

　そのバスではユリちゃんが親分であるということに、私は気がついていませんでした。2年生のユリちゃんは、いかにもシンガポール暮らしが長そうな、真っ黒に日焼けしたはっきりした顔立ちの女の子で、虹彩《こうさい》と瞳孔《どうこう》の区別もつかないぐらい、濃い強い瞳《ひとみ》の持ち主でした。私の前の席にやってきて、後ろ向きで膝立ちになったユリちゃんは、じっと私の顔を見ると後部座席の子たちに視線を投げ、口の端でちょっと笑いました。それを合図に、男の子たちが近くの席にやってきました。

　何を言われたのか覚えていません。ただ、初日にははっきりと、自分が歓迎されていないことが分かりました。何かが計画的に進んでいるということも、堅固に作り上げられた上下関係があるということも。それから、朝スクールバスに乗るのが嫌で嫌でたまらなくなりました。

　日本に帰りたいと泣きながら寝た翌朝、母に言われてしぶしぶベッドから起き上がると、開け放った窓から熱帯の朝の空気が流れ込んできます。すぐそばで高く低く、ジャングルで啼《な》くような鳥の声がします。たくさんの甘い花の香りと、水気を含んだ緑から立ち昇る蒸気。どんなに最悪な朝でも、世界は美しいと思いました。自分を待ち受ける状況に希望はないのに、それとは全く関わりなく、世界はこんなに鮮やかで、新しい。それは私を狭い子ども社会から五感の世界に呼び戻し、地球が回り続けていることを教えてくれました。

朝食を食べ終えて、スクールバスまで母に手を引っ張られて半泣きで走る間にも、街路樹の濃い緑や、ヤシの葉が風に揺れるさまが目に入ります。車内で誰一人私に話しかけなくても、異国の都会の朝の喧噪《けんそう》の心地よさを耳が捉えていました。こんなに惨《みじ》めな状況でも、シンガポールが好きだと思えることが不思議で、まだ自分はなんとか生きて行けるような気がしたのです。

毎日繰り返されたスクールバスでの嫌がらせで何をされたのか、具体的な記憶は殆どありません。ただあるとき、あんまり辛《つら》いので大声で泣きながら、マレー人の運転手さんに向かって「ヘルプ、ミー」と叫んだのを覚えています。その時、ミラー越しに困ったように黙っている人の良さそうな彼の顔を見て、ここでは誰も助けてくれないことを知りました。日本人の子ども同士のトラブルに巻き込まれたくないという彼の心情は7歳の私にも理解できましたし、絶望的だけど、そういうものだと飲み込んだのです。

世の中の原則を知ったのはこのときでした。彼には日本人学校のスクールバスの運転手という大事な仕事がある。それを手放したくないと思う気持ちは責められないと思いました。悪者ではないが弱いということがどれほど世の中を複雑にするか、大人ならみな経験があるでしょう。彼の表情は幼い私にそれを教えてくれました。

母は、慶子が苛《いじ》められるのは可愛いからだと言いました。ママもね、あいのこと言われてずいぶん苛められたのよ。ちょっと外国人風の顔をしていたものだから。でも、負けちゃダメよ。慶子が可愛いのを、みんな嫉妬《しっと》しているだけなんだから。

自分の顔が大嫌いだった私には、それはなんの慰めにもなりませんでした。むしろ母のとんちんかんな分析に苛立《いらだ》ち、きっと他の理由があるのだろうと思いはするものの皆目分からず、ただただ日本に帰りたいと泣いていました。

きっと母も、娘にかつての自分を重ね、子どもの頃と同じ混乱の中にいたのだと思います。答えが分からなかったものに娘が同じように晒《さら》されたときに、昔の自分に言ってやりたい言葉をかけたのではないか。あなたが悪いのではない。あなたは美しいから妬《ねた》まれているだけなのだと。それは私を救う言葉ではありませんでしたが、母はそう信じて闘志を燃やすことで、かつての惨めな自分をなぐさめ、娘の置かれた理不尽な状況を乗り切ろうとしたのかもしれません。

やがて、とにかく無視をしなさいという母の言葉通りに一切反応しないようにしたら、通過儀礼は終わりました。終わったということは、私は仲間に入れないまま立場が固定したということです。スクールバスでのいじめに飽きた子どもたちは、学校が終わってからの遊びでそれを楽しむようになりました。

ユリちゃんのおっぱい

当時のシンガポールには、伊勢丹《いせたん》と三越とヤオハンがありましたので、日本の本やおもちゃを買うことができました。リカちゃん人形が女の子の遊びの定番だった当時、リカちゃんの新商品を買ってもらうことは誰もの憧れでした。

ある日、私がずっとねだっていた「リカちゃんハイツ」を買ってもらったことを話すと、親分のユリちゃんと、一の子分のミカちゃんが遊びに行きたいと言いました。いつも仲間はずれにされているのに、うちに来たいと言ってくれたことが嬉しくて、私は舞い上がりました。やっと、仲間にしてもらえた。真新しいリカちゃんハイツで集団のトップ二人と対等に遊ぶのは、とてもいい気持ちでした。欲しかったおもちゃも、立場も、両方手に入ったのです。

夢中で遊んだあと、小物が殆どなくなっているのに気がつきました。リカちゃんの赤い靴も、櫛《くし》やバラの髪飾りも、買ってもらったばかりのリカちゃんハイツの備品もなくなっていました。うまい話はないということと、お人好《ひとよ》しは搾取《さくしゅ》されるということを学んだ私は、小物をとられたこと以上に、自分が浮かれている間もずっと軽んじられていたことに深く傷つきました。

それでも、呼ばれれば遊びに行きました。疎外《そがい》されればされるほど、認められることを期待して、誘いを断れなくなる悪循環です。ユリちゃんのうちは広い子ども部屋があって、そこに大勢の子どもが集まっては好き放題していました。おもちゃを散らかしても、ベッドで飛び跳ねてもとがめられません。ユリちゃんの母親は小太りの威勢のいい人で、子どもには何一つ注意をしない人でした。私はユリちゃんの弟の寝小便の臭《にお》いが染《し》み付いた部屋が嫌いでしたが、騒ぐ子どもたちに混じっていると仲間に入れてもらえている気がして安心しました。いじめられるなら遊びに行かなければいいと母は言いましたが、それでも子ども社会の中に居場所が欲しかったのです。

出張がちな父と日本の高校の寮で暮らす姉。家は、私と母だけの世界です。嫌な思いをしてもユリちゃんの家に行くか、散歩のふりをしてよそのうちの庭に忍び込むのが私の遊びでした。近所の中国人やインド人の家の嗅《か》ぎ慣れない匂いのするキッチンの脇や、大きな屋敷の美しい籐《とう》のブランコが揺れる庭先に隠れて、自分とは全く関わりのない誰かの暮らしを味わうのが好きでした。あるかも知れない、あったかも知れないもう一つの人生を一瞬だけ体験できるような気がしたのです。

成長してからも、全然知らない人の家の明かりが懐《なつ》かしくて、なぜ自分はあそこに入れてもらえないのかと寂しく思ったり、友達の母親が私と話している時よりも娘と話している時の方が親密な態度であるのを見て、当たり前のことなのに、なぜ私を一番に愛してくれないのかと羨ましく思うこともありました。結婚して子どもを産んでから、いつの間にかその感情はおさまりましたが、今思えば、幼い頃からずっと居心地のいい場所を探していたのかもしれません。

あるとき、ユリちゃんの母親がジュースを出してくれました。喉《のど》が渇いていた私は一気に飲み干してしまいましたが、ユリちゃんとミカちゃんは少しずつ飲んでいます。ミカちゃんは可愛らしい声で「慶子ちゃん、もう飲んじゃったよ？」とユリちゃんの母親を見上げました。ユリちゃんの母親は「いいのよ、ゆっくり飲むのがお行儀いいんだから。ユリちゃんとミカちゃんはいい子ね」と答えました。二人の女の子は、いかにも吸い上げるのが大変だという様子で俯《うつむ》いて、ジュースを両手で抱えました。

なるほど、これはお芝居なのだなと私は気がつきました。私がいると、他の人はいい子のお芝居が出来るんだ。仲間にする気はないのに呼ばれる理由がそれで分かった気がしました。ユリちゃんの母親が私を好きではないことも、ユリちゃんとミカちゃんはいつもいい子で、私が悪い子なのは変えられないということも分かりました。

ユリちゃんの母親は、私が仲間はずれにされていることや、娘がその中心にいることを知っていただろうと思います。そして、それで構わないと思っていた。大人の態度を見れば、子どもは誰を標的にすればいいのか、すぐに見分けられるものです。

ジュースを飲み終わったユリちゃんは男の子たちを集めて座らせると、前に立ちました。そして「今から、おっぱいを見せまーす」と言うと、青いワンピースの脇をずらして、小さな乳首を見せたのです。男の子たちは、息をのんで注目しています。いつも騒がしいのに、誰も喋《しゃべ》りません。後ろで見ていた私は、それがすごいことなのか分かりません。膨らんでもいないおっぱいなんか見せて、つまんないの。でもユリちゃんは特別なものを見せるかのように腰をくねらせて、挑発するような笑顔でみんなを見回しています。

そうか、ユリちゃんはこうして、男の子たちにご褒美《ほうび》をあげているんだ。それで男の子はみんな、言うことをきくのだな。私はおっぱいを見せるユリちゃんも、それに見とれる男の子もみんなバカだと思いました。それが功を奏していることが腹立たしくもありました。たった8歳で自分の身体が異性の興味の対象であることを知り、それを人心掌握に使っている彼女のあざとさと、女王様気取りの自己愛の強さに、強い嫌悪と軽蔑を覚えたのです。

女が自分の希少性を利用して異性への支配欲を満たそうとする様子は、その後大人になってからも様々な手口で目にすることになりますが、変わらないのはあの、口を開けて見とれている男たちの間抜けな顔です。

「ワッチョアネーム」

私の家の隣りには、マレー人の一家が住んでいました。庭で遊んでいると、子どものくせに耳に金の飾りをつけた女の子が粗い金網越しにこちらを見ています。何度かそんなことがあって、私たちはなぜかとても険悪な雰囲気になりました。隣りの子、嫌な感じ、と言うと母は「ワッチョアネームってきいてごらんなさい」と言いました。嫌いな子なのに、私はそれを使ってみたくて仕方ありません。名前ぐらいきいたっていいだろう。しばらくして、またにらみ合いになりました。日本人のいじめっ子は怖いけど、小柄なマレー人の子には強く出られます。金網越しに、二人は文字通り鼻を突き合わせるようにして立っていました。

「ワッチョアネーム？」ついに言えた。自分が外国人の子どもに向かって英語で話しかけることができたのに満足しました。あまり表情を変えずに「ティアス」と答えた少女は、真っ黒な髪がさらさらのおかっぱに切りそろえられていて、声は透き通っていました。

やがてティアスのうちに遊びに行くようになった私は、見たこともない外国のおもちゃに夢中になりました。彼女はプレイモビルという樹脂の人形のシリーズをたくさん持っていました。大きな家や車や、ガソリンスタンドのおもちゃまでそろっていました。私の知っている日本のおもちゃよりもずっと形が美しくて、種類もたくさんあるのです。一体どうやって会話していたのか、子どもというのは不思議なもので、言葉が通じなくても、二人で長い時間一緒に過ごしました。一つ年下のティアスは大人びていて、意地悪なところもありませんでした。ようやく、安心して遊べる友達が出来たのです。

そのティアスから誕生会の招待状をもらいました。おしゃれして来てというのでお気に入りのワンピースを着て、プレゼントの文房具を持って出かけると、ティアスのうちは遊園地のようになっていました。庭には遊具が置かれ、万国旗や花の飾り付けがされています。現れたティアスはドレス姿で、お姫様のよう。料理はケータリング、派手なBGM。庭ではピエロが芸当を始めました。

誕生日会と言えば、お母さんの作った鶏《とり》の唐揚げやサンドイッチやフルーツポンチを食べて、ケーキのろうそくを消すものと思っていた私は、すっかり気後れしました。パーティーを楽しむどころか、流暢《りゅうちょう》な英語で話すティアスの両親や友人たちの中で一人無言で、身の置き場がない思いでした。ティアスは私とは違うんだ、と知ったのです。駐在員として会社の名前でいい立場を得ている私の一家とは違う、生まれ育った社会で認められ、裕福な立場を得た人びとの余裕を感じました。シンガポールの人々は日本人より遅れていると思い込んでいた自分が惨めでした。

高校3年のとき、父がインドに単身赴任していたので夏休みに会いに行ったことがあります。ニューデリーの住宅地に着いて、驚きました。何人もの使用人に囲まれて、父がたった一人で何部屋もあるお屋敷に住んでいたからです。ここでは私はお姫様なんだわ、と興奮しました。あてがわれた部屋には私専用の巨大な浴室がついています。溺《おぼ》れそうに広い浴槽と、上下左右の壁からお湯が噴き出すシャワー。二つ並んだ洗面ボウルはホテルよりもゆったりとしており、便器の横に初めて見るビデが並んでいました。服を着たままおそるおそるそれに股《また》がってみて、女ってこんなことをしなきゃならないのかと間抜けな格好の自分を眺めました。裕福な女性はこんなことを当たり前にしているのかも知れない。自分が10代でそんな立場になれたことに少し得意になりました。

しかし周囲の富豪たちの屋敷と違って、ここは父が自分の富で手にした家ではありません。勤め先の会社が家賃を払い、役職名で住んでいる社宅です。両親と一緒にインド財界人とのパーティーに出席した私は、優雅な英語を喋る背の高い同世代の青年たちが、私を完全に違う階級の人間として扱っているのを感じました。有名企業に入って社内結婚し、海外赴任することが女の幸せと母に繰り返し聞かされていましたが、企業の肩書き頼みの栄耀栄華《えいようえいが》は味気ないものだと、青白い貴公子たちを遠目に見ながら醒めた気持ちが次第に重くなっていきました。

インドに滞在中、二つあるうちの小さい方のリビングで深夜に本を読んでいると、目の前に生けられた大きな花が、プチリと音を立てて開きました。反り返った白い花弁の中にむっちりとした半透明の芯《しん》があって、そこから赤みがかった蕊《しべ》が伸び、強い甘い香りが漂ってきました。見てはいけないものを見てしまったような後ろめたさと高揚を覚えて、それから滞在中ずっと、官能的な気分のままでした。その1年後に私は処女ではなくなりましたが、あの深夜の開花は、初めてのセックスの何倍も性的な体験でした。異国では、理屈よりも感覚で世界を捉えるようになるのかもしれません。それはときに救いであり、取り返しのつかないことでもありました。

シンガポールでの経験は、いじめを生き抜いた美談ではありません。人が集団になると何が起きるのか、どのように序列をつけるのか、何を使って人を支配しようとするのかの最もあからさまな形を身を以て知ったのはその後の役には立ちましたが、私はあのときそれを克服したのではありません。

幼い私は、そんなろくでもない集団でも仲間に入れて欲しいと願い、居場所が欲しいと思いました。ユリちゃんの悪意を憎みましたが、それは誰かを仲間外れにすることへの怒りなのか、私を受け入れてくれないことへの怒りなのかは判別できませんでした。彼女を呪《のろ》いましたが、成敗しようとはしませんでした。むしろ、大嫌いなあの子が私を受け入れてくれたらという期待を捨てられず、いいように利用されつつ、自分も当座の居場所を得ようとしたのです。

いじめられた経験を語るとき、人は正義になります。いじめは、憎むべき犯罪だからです。済んでしまったこととして語るときには、悪者を糾弾すればいい。でも実際にその渦中《かちゅう》にあって、糾弾することが現実的でない中でどのように生き延びるかを必死で探している人にとっては、「いじめる人は悪い人です」と言われても何の解決にもならない。私があのとき知りたかったのは、なぜそんなことをするのか、彼女たちがどんな気持ちでいるのかということでした。

嫌がらせをされながら、私は耳を澄まし、目をこらして、相手の悪意の出所を探りました。でも相手は、「私は今こんなことを考えている」と実況することはありません。私の何が相手にとって不快なのか、あるいは相手が胸の奥底にどのような抑圧を抱えているのかを知りたくても、その答えを聞くことはできないのです。どうしても理由が欲しくなった私はやがて、私が自分自身を嫌うのと同じ理由で、相手も私を嫌うのだと考えるようになりました。全部、自分が悪いのだと。

人は一方的な理由で誰かを嫌ったり、好きになったりすることがあるのだと、今の私は知っています。むしろ、殆どの場合がそうだと言えるでしょう。思いもよらないことで悪意を向けられることがある。それはどんなに気をつけていても、自分ではコントロールできないものです。

人は見たいように世界を見ます。それを変えることはできないけれど、なぜ相手がそのように世界を見たいのかを知ることは、人間の多様さを探るための役に立ちます。小説や手記も、様々な状況で人が何を考えてどう行動するのかを教えてくれます。私たちは、他人はどのように世界を見て、どんな行動を選択するのか、その意外性や偏《かたよ》りに驚き、感動し、希望を持ったり用心を深めたりするのです。

でもいじめについては、語り手はいつも被害者です。いじめられた者が、後になっていかに不当な目に遭ったか、それを生き延びたかを雄弁に語るのみで、いじめを見て見ぬ振りしたり、興味本位で見物したり、軽い気持ちで加担したり、率先して行った者たちは、決してその体験を語ることはありません。いじめをやめさせることができなかった者も、口を閉ざします。

なぜなら、話題に飢えた観衆が、いつも獲物を捜しているからです。「悪者」に石を投げ、罵声《ばせい》を浴びせることが正義だと思っている見物人たちが、当事者が最も知りたい「なぜそんなことをするのか」「どうしてこんなことが起きるのか」という問いへの答えを封じ込めてしまう。被害者以外の当事者が、声を上げることはできないのです。テレビや雑誌、インターネット上では、借り物の正論に便乗した匿名《とくめい》の暴力が目を光らせています。

いじめ対策が語られるたびに、当時のもどかしさを思い出します。ねえ、私を無視しているあなたが、いまどんな気持ちでいるか、教えて。どんないい気持ちがするのか、何が面白いのか、なんの八つ当たりでこんなことをしているのか、頭の中を見せてちょうだい。それが、あのとき私が一番知りたかったことだったのにと。

日本のふるさと

日本にいる時の初詣《はつもうで》は、いつも地元の不動尊でした。父の守り本尊が不動明王ということもあって、拝むならそこと決まっていたようです。生まれて初めて着物を着て、ちりちりとかんざしの鈴を鳴らして七五三参りもしました。平安初期に開かれたというずいぶん古い寺なのですが、当時の私はそうとも知らず、駅前にある赤い大きなお寺ぐらいにしか思っていませんでした。

初詣には元日の午後、父の運転する車で出かけます。境内は毎年混雑していて、大香炉の煙を浴びるのも一苦労でした。護摩《ごま》を焚《た》く太鼓の音と読経《どきょう》に混じって、露店から客を呼ぶ声も賑《にぎ》やかです。本堂の参拝をすませて、べっこう飴《あめ》やイカ焼きを冷やかしながら境内の奥に進むと、こげた醤油《しょうゆ》の匂いが梅の香りに変わって、少し静かな場所に出ます。そこには弘法大師《こうぼうだいし》がまつられていました。小さな大師堂にお参りしながら、本堂だけ参拝して帰る人と違って、自分は信心深い人間なのだと誇らしく思ったものです。

寺のある駅前からバスで15分ほど行った丘の上の新興住宅地に、私の育った家がありました。さらに丘に分け入ると、小さな古い梅園があります。冬には、茅葺《かやぶ》きの休憩所で甘酒が飲めました。寂しい枯れ山にたくさんの梅が咲く眺めは、オーストラリア生まれの私にもなぜか切なく懐かしいものでした。今も世田谷《せたがや》以西に行くと、空気の中からごく微量の武蔵野臭を嗅ぎ分けることが出来ます。懐かしいはずなのに、気持ちが沈んでいく匂い。郊外の大気の中には、人恋しさと諦《あきら》めの粒子が漂っています。この山中の梅園と駅前のお寺の間の丘陵地が、私のふるさとでした。

正月には近所の空き地で凧《たこ》揚げをしました。あちこちが造成中で、家の方が少ないくらいでしたから、思い切り駆け回れる空き地はいくらでもありました。当時大人気だったゲイラカイトという血走った目ん玉模様の凧は、上手《うま》く上がると手が切れそうになるくらいの猛スピードで糸が繰り出され、すぐに真っ青な空に浮かぶ小さな白い三角形になりました。父と二人、誰もいない造成地の枯れ芝の上を呼吸が合うまで何度も走ったのは、まだ幼稚園の頃だったか。年ごとに空き地が少なくなって凧揚げは難しくなりましたが、家の前の道路で羽根つきをしたり、こたつで双六《すごろく》をしたりと、私が子どもの頃の正月はまだ、昔ながらの遊びをしていたように思います。家族で百人一首のかるた取りをしたあとは坊主《ぼうず》めくり。蟬丸《せみまる》が出ると、なんとも言えずいやな気持ちでした。ヒゲに馴染《なじ》みがなかったからでしょう。

旧正月というものがあると知ったのは、1年生で引っ越した先のシンガポールでのことでした。中国系の人たちが賑やかに祝う春節《しゅんせつ》は、鮮やかな色彩と爆竹の音。日本の静かなお正月とは違って躍動的です。その後に住んだ香港でも同様で、赤地に金色の福の字を逆さに書いた正月飾りをよく見かけました。私の住んでいた高層マンションにはたくさんの中国人が住んでいたので、普段から廊下にはいつも長粒種の米の炊《た》けた匂いが漂っていました。エレベーターで降りる階を間違えたら、自分の家のドアと鉄格子《てつごうし》が違う模様になっていて、内側の木の扉を開け放した玄関の奥から、炒《いた》め物の音と大声の広東《カントン》語が聞こえてきました。同じ間取りなのに、言葉も違う知らない家族が暮らしているのは不思議な感じでした。まるでパラレルワールドに来たような気分になり、それからはよく、当てずっぽうに階数ボタンを押しては、よそのうちの暮らしを覗《のぞ》き見てワクワクしたものです。

初めての転校だったシンガポールと違って、2年生で香港日本人学校に転入した時には、私は心の準備ができていました。きっと通過儀礼で、在校生から意地悪されるだろう。だけど私はもう、日本から来たもの知らずの子どもじゃなくて、シンガポールで日本人学校に通っていた経験者だ。薄い水色がかったグレーのワンピースの制服を着て登校すると、案の定、いかにも意地悪そうな女子とその子分たちに仲間外れにされたものの、シンガポールでの経験を生かして受け流すうちに友達が出来て、すぐにクラスになじめました。そればかりか、香港日本人学校よりも人数が多いシンガポール日本人学校からの転入生とあってみんな興味があるらしく、いろいろと様子を聞かれたのです。

シンガポール日本人学校には制服がなかったことを話すと、横にいた男子が「嘘だ！香港日本人学校よりも大きな学校で、制服がないはずないじゃないか！」と言いました。知りもしないのに決めつける彼の世間知らずぶりを不快に思いながら、そうか、私はちょっとすごいところから転校して来たのだなと嬉しくなりました。体育のときに蘭《らん》の花の校章の入ったTシャツを着る以外に決まった服はなかったことを説明すると、集まっていたクラスメイトは「へえー」と感心したように声を上げます。ああ、経験者って気持ちいい、とそのとき苦労が報われたような思いがしました。私はもう、のけ者にされて泣く転校生じゃないんだ。

「普通の子」の立場を汚す

私がいじめられずに済んだ理由は、他にもありました。そのクラスには既に男女一人ずつ、決まったターゲットがいたのです。女子は髪の長い、少し太った子で、アタマジラミがいるという理由で疎まれていました。気の強いその子は、言いがかりをつけられると言い返し、泣いてもしょんぼりする様子を見せません。男子は色の白い、線の細い子で、泣き虫とからかわれていました。よってたかって囃《はや》されると、彼は甲高い声で抗議しながらすぐに長い睫毛《まつげ》を濡《ぬ》らし、何度も使ってよれよれになったハンカチをポケットから出しては、鼻水を拭《ふ》いていました。

その光景はついこの間までの自分の姿のようで、見るたびに奥歯でアルミホイルを嚙《か》んだ時のようなズキッとした痛みが胸に走りましたが、それが自分ではないことに、安心もしました。あの子たちを見ているとズキズキするけれど、もう泣いているのは自分じゃないってことも確かなんだ。ようやく仲間外れにされる側ではない立場を得た幸せを味わい、身体がふわっと浮き上がるような気持ちになった私は、それが夢ではなく現実だということを確かめてみたくなりました。

仲間外れにされていた時、意地悪をする人たちは、強者という特別な立場を手にしているのだと思っていました。嫌なやつだけど、いい場所にいる人たちなんだと羨ましく思っていたのです。仲間がいて、安全な居場所があって、酷《ひど》いことをしても咎《とが》められない彼らは、自分よりもずっと恵まれた人たちに見えました。どこにいてもびくびくして、何を言っても的外れな私にはとても手の届かない、特権階級の人。自分は一番弱くて相手にされない立場から抜け出すことが出来ないのだと、惨めな気持ちでいっぱいでした。それが、こんなに容易《たやす》く一変するなんて。

転校したら、私は「普通の子」になっていました。いじめっ子でもいじめられっ子でもない、なんでもない子。なんでもないなら、なんにでもなれるだろうと思いました。いままで私をないがしろにし、嘲笑していた人たちと同じ立場に立つことだって出来るんだ。

ある日、あの男の子が教室の後ろに追いつめられて、泣いていました。何人かの男子が手を出して、嫌がって背を丸める彼を見て笑っています。周りには囃し立てる見物人がたくさんいました。彼が顔を拭いたハンカチから鼻水が糸を引くと、女子は汚がって大げさに騒ぎます。教室の後ろ半分はコロッセオのようになり、後ずさりして机にぶつかった男の子の驚いた顔を笑う声で、一部の「やめなよ」という声はかき消されてしまいました。その子の名字を連呼する囃し声はいつまでも止《や》みません。彼は赤い唇をふるわせ、泣き腫《は》らした二重瞼《ふたえまぶた》をしばたたかせながら、握り締めて丸まったハンカチをお尻のポケットに押し込もうとしていました。でも手が震えて、なかなかうまくいきません。

私は教卓の前あたりからそれを見ていました。私もきっと、シンガポールのスクールバスの中では、あんな風だったんだろうな。また胸がズキズキする。ジェットコースターで高いところから落ちる時みたいだ。けれど、しゃくり上げるたびに光る彼の半開きの唇を見ているうちに、腹が立ってきました。みっともない。あんなになるまで泣くなんて。女の子のような彼の泣き顔が自分と重なり、自分で自分を虐《いじ》めたいような、むずがゆい気分になりました。

私はコロッセオに向かって机の間を進み、人垣の少し後ろで立ち止まると、大縄跳びに入るときみたいに思い切って、でも案外簡単に、あの連呼に加わっていました。あの子の名を叫ぼうとするとズキッとする。ズキッとドキドキが組み合わさって、最初の声は尻窄《しりすぼ》みになりました。それからだんだん声が大きくなって、数回叫んだところで、チャイムが鳴りました。誰も私に気がつかなかった。加わらない子もいたけれど、いつもの騒ぎになれっこになっていたみんなは、誰が囃し立てたかなんて、気にもしていなかったのです。

それからしばらく経《た》った日の休み時間、今度はあの女の子が誰かと言い争いをして、総攻撃を受けていました。男子は替え歌で彼女をからかい、優等生ぶった女子は徒党を組んで彼女をなじっています。シラミ、シラミと囃し立てながら逃げ回る子たちで教室は騒然としていました。

あの輪の中にいるのは、私ではなく彼女だ。私には誰も攻撃を仕掛けて来ない。私はまた、そんな安泰な立場にいる贅沢《ぜいたく》を味わっていました。そして、それをもっとはっきり味わってみたくなったのです。おそるおそる彼女に説教する一団に加わり、そうだよー!と間《あい》の手を入れてみました。誰にもとがめられませんでした。ああ、私には仲間がいる、と気持ちが高揚しました。彼女のことを私はまだよく知らないし、ことのいきさつなんて分からなかったけれど、みんな騒いでいるのだから、同調してもいいと思ったのです。

やがて、その場にいた子が順番に彼女の欠点をあげつらい、あんなことをされた、こんなことをされたとクレームをつけ始めました。彼女は猛然と言い返しています。

私には、言うべきことは何もありませんでした。彼女とはそれほど接点がなかったし、これまでの経緯もよく知らなかったから、あげつらうべき欠点もよく知らなかったのです。でも、私もみんなに「そうだそうだ」と言って欲しくなりました。

騒ぎに夢中になっているクラスメイトの間を抜けて、一度自分の机に戻りました。それから理科のノートを持つと、なるべく見えないように隠して彼女の席まで行き、こっそり座ろうとしましたが、あのズキズキが起きて、おかしな中腰のまま机を抱え込む格好になりました。怖い、でも、きっとこの騒ぎなら大丈夫。手元もよく見ないまま理科のノートを机に押し込みました。そしてこう叫んだのです。「あった！　私の理科のノート、なくしたと思ったらあの子の机の中にあった！　あの子が盗《と》ったんだ！」わあ、とすぐに歓声が上がりました。

自分が恐ろしいことを思いついたのも、それはやってはならないことだというのも分かっていました。そんなことをしなくてはならないほど、彼女のことを嫌っていたわけでもありませんでした。でも、こうすれば仕返しが出来ると思ったのです。これに成功したら、私はかつて私をのけ者にした子たちと対等になれる。やられっぱなしじゃないことを証明できる。私はもう言いがかりをつけられ、話を聞いてもらえず、囃し立てられて悪者扱いされる立場じゃない。注目を集めて、私には大勢の仲間がいることを確かめよう。のけ者にされたことなんか、こうして全部帳消しにしてやる。目の前にいる子とはなんの関係もないのに、私は彼女を使って、惨めな苛められっ子だった自分を見返してやろうとしました。

盗られた！と叫んだ私に、すぐ横であの女の子を罵倒していた男子が言いました。「お前、いま自分でノートを机に入れたじゃないか。俺、見たぞ」みんながこちらを見ました。自分がこの教室で一番卑劣だということが露呈して、私は血の気が引いていきました。違うもん、本当に失《な》くしたんだもん、と反論しても動悸《どうき》がして声がうわずります。なんとかこの場を切り抜けなければ。男子は容赦なく「こいつ、わざと自分のノート入れて、盗られたって言ったんだぜ！」と周囲に知らせました。さっきまであの子を囃し立てていた子たちの非難は一斉に私に向けられました。

なおも本当だと言い募りながら、ふと顔を上げると、あの子が私を睨《にら》みつけています。哀れむような、私への侮蔑でいっぱいの、悔し涙にぬれた顔。嫌われ者のこの人よりも、私の方がずっとずっとみっともない。彼女をからかって泣かせた男子よりも、嘘をついて人を陥《おとし》れ、注目を引こうとした私の方が、うんと嫌なやつだ。その場を誤魔化してみたものの、そういうことをする子だと知れてしまったことは、取り返しがつきませんでした。

調子に乗って、なんでこんなことを思いついたのだろう。いじめられっ子でなくなったことに有頂天になったのを悔やみました。今の私はいじめられっ子じゃないけど、意地悪で嫌らしいやつだ。転校してせっかく手に入れた「普通の子」の立場を、こうして自ら汚してしまったのです。

あの時、男の子に暴《あば》かれてよかった。それがどんなに卑劣なことか、思い知ってよかった。いじめっ子は特権階級なんかじゃない。ただの考えなしの臆病者《おくびょうもの》だ。醜い言い逃れをする私を一瞥《いちべつ》した彼女の頬は涙で濡れていたけれど、瞳は泣いていなかった。それは私が初めて見た、誇り高い人間の姿でした。彼女の眼差《まなざ》しは私を恥じ入らせ、心に深く刺さりました。誰かに嫌がらせをしてもいい人間なんて一人もいない。自分が酷い目にあったからと言って、誰かを傷つけてもいいと思うのは見当違いだ。

大人になってからも、何人ものそうした誤った権利意識の持ち主に出会いましたが、私はあの時に味わった自己嫌悪《けんお》を忘れることが出来ません。あの時やったことが、決して取り消せないのと同じように。

香港日本人学校で最初に私を受け持った先生は小柄な女性で、いつも肩に白い2本線の入った青い半袖《はんそで》の体操着を着ていました。2年生の秋頃だったか、国語の授業でお話を作ることになり、先生はある女の子の書いた「ジャガイモおばさん」という作品をみんなの前で朗読しました。それはとても面白い話でした。書いた子は、喝采《かっさい》を浴びて嬉しそうにしています。そこで私は次の宿題で、「ニンジンおばさん」という、そっくりな話を書きました。もちろんその子のお話を真似《まね》たのですが、先生はちょっと似ていることには気がつくだろうけれど、子どものやることだから大目に見てくれるだろうと思いました。何でもいいから、○が欲しかったのです。

次の国語の授業で、「またとても面白いお話を書いてくれたお友達がいます」と先生は教室を見回して、「題名は『ニンジンおばさん』です」と発表しました。今度はニンジンおばさんだって、と教室は盛り上がります。思いがけないことでした。友達の真似をして書いたのだから、発表されないと思っていたのに。私は嬉しくなって、「ニンジンおばさん」を読み上げました。「おんなじじゃん」という声が聞こえた気がしましたが、読み終えると大きな拍手と「とてもいいお話ですね」という先生の声が聞こえました。

真似したくなったのは私だけではありませんでした。まるでシリーズ化されたかのように、他にも「トウモロコシおばさん」「リンゴおばさん」などの発表が続いたのです。けれど、作品の出来は違いました。「ニンジンおばさん」は、「ジャガイモおばさん」とそっくりな作風でしたが、他の作品は文章が稚拙で、全く似ても似つかない単純なお話だったのです。そうか、私のが一番上手なのだなと思って、そのあとすうっと胸が冷えていきました。

先生は、子どもたちが「ジャガイモおばさん」に触発されてお話を書いて来たのを微笑《ほほえ》ましく思ったのでしょう。でも、友達を安易に真似た私の作品をみんなの前で「とてもいいお話ですね」と褒めることで、少し後ろめたい思いをさせたかったのかもしれません。あのとき、私は承認と示唆《しさ》を与えられたような気がしました。先生は私が自分のお話を褒められたがっている気持ちを分かってくれた。でもきっと、お話が偽物《にせもの》だってことを知っている。シリーズ作の発表が続くことで私の盗作は目立たなくなりましたが、他の作品と並べることで、ヒントを得るのと盗作は違うということも、ハッキリと示されました。

もし、先生がそれに私が自《おの》ずと気がつくであろうことを期待して、あのような形の発表にしたのなら、たった8歳の嘘つきな女の子を信じてくれたことに感謝します。それ以降、私は人真似をやめました。それは楽しくないし、自分の手柄にはならないと気がついたからです。あの時期に、子どもを信頼してくれる大人と出会えたことは幸運でした。自分で台無しにした自尊心を修復するのに、それは大きな支えになったからです。

3年生になると、私には仲のいい友達がたくさん出来ました。イラスト満載の交換日記で笑い転げたり、誕生日会で互いの家を行き来したり、屈託のない毎日でした。休み時間に廊下に出て、吹き抜けの明るい天井を見上げながら、ああ、友達っていいものだなあ、学校は楽しいところだなあと思ったのを覚えています。そのときの満たされた穏やかな気持ちは、私がそれまでに経験したことのないものでした。

どうしてこんなにうまくいっているのか、自分でも分かりませんでした。おそらく一番の理由は、学年が変わって、私が転校生ではなくなったからでしょう。私はごく自然に、冗談と絵が大好きでベタベタしない子たちと友達になりました。もうよそ者ではなくなったのです。

日本人駐在員の子どもの社会は大人の事情と子どもの野性が入り交じる狭い世界だったけれど、一方ではケンカ相手だった近所の外国人の女の子ともいつの間にか友達になって、馴染みのない味のおやつや、不思議な響きの言葉にふれる機会もありました。昨日までの敵が今日から友達ということもあるし、友達なのに何を考えているのかよくわからないこともある。8歳から9歳という、女の子が少しずつ群れ始める時期に、香港での多層的な世界を経験したことは私にとって財産であり、どこにも馴染みきることがないという今に至るまでの性格を形づくる原体験でもありました。

海峡に面して立つ自宅の高層マンションからは、満月の海を横切る黒い軍艦や、遠くからやってくる雷雲と白い雨のカーテンを見ることが出来ました。朝起きると真っ青な海が眼前に広がるのは気持ちがよく、強い夕日に照らされて光る島々も美しかった。シンガポールの濃密な生気に満ちた空気とは違って、香港での日々は、コンクリートと淀《よど》んだ港の匂いのする暮らしでした。

台風が来ればビルは風に揺れ、エアコンの室外機に打ち付ける激しい雨音が怖くて眠れません。街には物乞《ものご》いがいたし、そこらじゅうに痰《たん》が吐き散らされていました。エレベーターでダイヤの指輪ごと薬指を切り落とされたという人の話や、ちょっと目を離した隙《すき》にいなくなった子どもの話も聞きました。最先端のレジャーパークでは、ロープウェーに乗ったり巨大水槽の魚たちを見ることが出来ましたが、手作りの地獄のジオラマがある庭園では、人びとが鬼にはらわたを引きずり出されたり、巨大なのこぎりでバラバラにされる有様が延々と展示されていました。

イギリス風の美しい建物や豪華なホテルがある一方で、緑色に濁った海は悪臭を放ち、そこに無数の舟が浮かんで、住人たちが汚水を垂れ流しています。その海を盛大にかき混ぜながらフェリーでカオルーンに渡ると、高級ショッピングモールと、決して近寄ってはいけないスラムがありました。遠足で行った中国との国境地帯では、編み笠《がさ》を被った人が遠くの山まで続く畑を耕しており、金網越しに昔話の世界を眺めているようだと思ったものです。

1980年代初頭の香港は、美しいものと汚いもの、新しいものと古いもの、西洋と東洋、富と貧困とが、山と海との境目のわずかな土地に密集していました。そこでの日々で、私は自分が弱くて不完全な人間だということを知り、人から信頼され愛される存在であることも知りました。3年生の12月に日本に帰ることが決まった時、もう大丈夫だと思いました。昔の友達の待つ日本に帰ろう。新しく、強くなった私で。

3章

15歳からの摂食障害

気がつくと、一人

小学3年生の終わりに香港から帰国して地元の小学校に転入したとき、私は決定的なミスをしました。1年生のときの友達がいたので、油断してしまったのです。転入するなりクラスメイトをあだ名で呼び、シンガポールではああだった、香港ではこうだったと、海外生活のエピソードを披露しました。気がつくと、休み時間には、教室で一人きりになっていました。

トイレに行くと、クラス全員の女子と鉢合わせしました。話題の主が登場したのでぴたりと話をやめてこちらの出方をうかがっている女の子たちの中には、幼稚園の頃からの友達もいます。にやにやしながら無言で私の横をすり抜けて行った女の子たちからは、甘ったるくて生暖かい匂《にお》いがしました。やがて、彼女たちの間で「小島ゴミ」「小島死ね」と書かれた交換日記が回されていることを知りました。女の子って、こういうことをするんだな。友達だった子も、変わってしまうんだ。5年生になったとき、このまま地元の中学に進むよりも、受験して外に出ようと提案した母の言葉に異論はありませんでした。

そうして受験勉強を始めた私は〝勉強のできる子〟として認知されましたが、小学生にとってそれは大した意味を持ちません。女子のリーダー格は、発育のいい美少女でした。私は彼女から、家来のように都合よくあしらわれていました。

ちらほらとプールを休む子も出てきたなか、背ばかり高くてガリガリだった私は早く大人になった同級生が羨《うらや》ましくて、下着を下ろしてもなんの印もない毎日に落胆していました。件《くだん》の彼女はいち早く胸が膨らみ、とっくに初潮を迎えていました。鬱屈《うっくつ》した私の気持ちを知ってか、運動会の日、彼女は私のそばに来ると耳打ちしました。

「今日は終わりかけでよかったわ。でも生理ってね、もう終わったと思ってナプキンを外すと、まだ下着が汚れちゃったりして大変なの」そのとき、彼女の尊大さは背が高く顔が美しいだけではなく、性的に人よりも早く成熟したことに裏打ちされているのだと知りました。それにしても下着を汚すことまでも自慢にするとは、女の自意識ってなんて嫌らしいのだろうと思いながらも完全に打ちのめされて、私は彼女の体操着の背中に透けるブラのひもをまぶしく眺めていました。

のちに社会人になってから、彼女と偶然再会しました。デパートの店員となった彼女が、買い物をしていた私を呼び止めたのです。生理が始まると女の背の伸びは止まります。小学生のときには大柄だった彼女は、いつの間にか私よりも15センチ近く背の低い、ちょっと可愛《かわい》い人妻になっていました。こんなに嬉《うれ》しそうに声をかけてくれたなんて、私を家来だと思っていたことは忘れてしまったのかしら？

初潮のあとしばらく次の生理が来なかった私の身長は、172センチまで伸びていました。かつての同級生を見下ろしながら、私は「勝った」と思いました。

女として出遅れたコンプレックスを解消するために、私は成熟した身体《からだ》ではなく、社会的な知名度を獲得しようとしました。有名な学校に入って、有名な会社に入って、人も羨む女になるんだ。その執念が実った今、駆け出しの放送局アナウンサーとなった私は、デパートの店員よりもずっと知名度がある。彼女が私に嬉しそうに声をかけたということに、相変わらず平たい胸の奥に踞《うずくま》る私の自尊心は、大いに満足しました。

彼女は一度も私と勝負したつもりはないでしょう。ただ、昔の同級生を見つけて、テレビで見ているわよと懐《なつ》かしく話しかけただけ。それでも私は女としての劣等感を、身長と肩書きという男性的な要素で帳消しにできたことが嬉しかったのです。

「ママはパパしか知らないのよ」

中学2年も終わりに近づいた2月の寒い日、私は初潮を迎えました。それは鮮やかな印ではなく、思いのほか地味な異変でしたが、半信半疑で母に確認すると、母は下着を見て一言「これで明日から悪いことをしたら妊娠する体になったのよ」と言いました。突き放したような口調から、母がこの事態を歓迎していないことがわかりました。おめでとう、じゃないんだ。とたんに、あんなに待ち望んだ初潮がひどくみっともなく惨《みじ》めなことのように思えて、自分がすっかり汚《けが》れたような気がしました。

それでも、もう昨日までのガリガリの子供とは違うのです。これからは風邪でプールを休むときに見栄《みえ》を張って生理のふりをしなくてもいい。憧《あこが》れの「女」になれたことは物珍しく「なんだかお腹《なか》が痛いみたい」「ナプキン買わなくちゃね」とはしゃいでみても、母は素っ気ない返事をするばかりでした。やがて私は、母が娘が子供でなくなったことに苛立《いらだ》っているのだと気がつきました。

おそらく母も自分の性と幸福な出会いをしなかったのでしょう。娘の初潮を成長の証《あかし》として祝うより先に「明日から悪いことをしたら妊娠する体になったのよ」と言ったときの母は、盛りのついた雌犬を見るような顔でした。それは私に対する失望であると同時に、女という生き物への憎悪《ぞうお》のようにも見えました。彼女にとってセックスとはなんだったのだろう。

卑猥《ひわい》な話題に過敏に反応する母は、おそらく性的な関心は人一倍強かったのではないかと思います。処女のように無遠慮な好奇心。「ママはパパしか知らないのよ」という娘には全く必要のない告白もされましたが、今となっては母がそこまで自身の貞操を誇示するということは父に不貞行為があったと邪推せざるを得ません。そして、母が他の男から何度か誘いを受けたことを自慢したかったのだということも。きっと彼女も寝てみたかったんじゃないだろうか。だから欲望に屈しなかった自分を、屈した（と推測される）父よりも立派だと思っているのではないだろうか。これまた娘の邪推ではあるのですが。

高校生のとき、生物の授業で母乳が血液から作られる仕組みを習った私が、牛乳を飲みながら「ママ、これって当たり前だけど牛の体液を飲んでるってことだよね」と言ったところ、母は大げさな身振りで「いやだ、体液だなんて、いやらしいこと言わないでちょうだい！」と身をくねらせました。何想像してんのよ……と私は不快でした。当時まだ私は処女でしたが、ある程度の性に関する知識は持っていました。母が

「体液」という言葉から連想した性体験を絵巻物のように見せられた気がして、私は自分の身体を拭《ぬぐ》って払いたくなるような嫌悪感《けんおかん》を覚えたのです。あのとき、母はすごく女だった。自身のあれこれを思い出して反応するさまは、とても淫《みだ》らで腹立たしい光景でした。

今思えばあれは更年期だったのだと思いますが、50歳くらいの母が「妊娠した！」と騒いだことがありました。笑い話のようですが、彼女は周期の乱れに驚き、本気で心配していたようです。今の私は人が親になってもセックスをすることを知っています。心構えもないまま迎えた体の変化に母が戸惑い、不安に思ったことにも同情します。

しかし当時母から妊娠疑惑を打ち明けられた姉は、両親が50代で性交していることを知った不快感を自分一人が背負い込まされるのは不公平だと思ったのか、10代だった私に「ねえ、どういうことかわかる？」とこちらの反応を見るように口角だけで笑いながら教えてくれました。私は、両親が性的に現役であると知ったこと以上に、不快感を妹になすり付けて分散しようとした姉の企《たくら》みにうんざりしましたが、夫婦関係から家計の悩みまで母になんでもかんでも女友達のように打ち明けられてきた姉としては、いくら年が離れているからと言って妹だけが何も知らされない聖域でのうのうとしているのは許せなかったのかもしれません。自分が性的な存在であることに無自覚であるがゆえの無神経さ、過敏であるがゆえの無防備さ。母は、少女のようでした。悪意がない人がこの世でもっともたちが悪いということを、私たち姉妹はよく知っています。

女を眺める眼差《まなざ》し

早熟だった女の自尊心は、自分が女性であるということと不可分なのではないかと思います。少女期に、いち早く成熟した体に向けられる好奇と憧憬《どうけい》の眼差しを受けて、見られる性としての自意識が形成されるのではないかと思うのです。小学校の運動会の写真で、への字の口で棒立ちのピースサインをしている私の隣で、あの子は豊満な内腿《うちもも》をぴったりと閉じて少し肩をすくめ、普段はしないのに私の腕に柔らかな腕を巻き付けて、八重歯を出して小首をかしげている。カメラを構えているのが友達や家族でも、彼女の意識にはいつも観衆がいるのです。

少女期に、既に彼女の前には目を見張る観客がいた。早熟な少女たちはそれを内面化して、見られる自分を当然のように受け入れたのではないかと思います。私はいつも眺める方でした。重力に逆らって美しい曲線を描く乳房や、日光を反射する滑らかな膝《ひざ》小僧や、子鹿《こじか》のように盛り上がった尻《しり》や、樹脂でできた人形のように伸びた脚を。神様は私にそれらを与えてくれなかった。それらを眺める「女を見る者」の視点を得て、自身の未熟な性に失望し続けた私は、はじめから乗り遅れた女でした。最後に船に乗った者は、いつまでも三等船室の乗客の心持ちのまま、岸から自分を眺めるような分裂した自意識しか持てないのです。女であることが自明のことでなく、いつまでも他人事《ひとごと》としてしか認識できないのは、私がこのように、女を見る対象として意識しているからでしょう。見られる仕事に就いたのもそうですし、女性の写真を眺めるのも好きです。見られてなんぼの思い込みは、私が男に眺められることによって、女になり損なったせいかもしれません。

6年生のとき、30代の男性教師が担任になりました。「俺の奥さんはミス○○大学だ」が口癖の彼は、私たちを郊外育ちのもの知らずな子供と侮《あなど》って、卑屈な自慢話を繰り返しました。私は心底そんな彼を軽蔑《けいべつ》していました。この人は今の自分の立場をみっともなく思っている。私たちをバカにしている。そんなやつの言うこと、きくもんか。彼はほどなく私の敵意に気づき、生意気な痩《や》せっぽちの女子児童をつぶさに観察しました。そしてその過剰な自意識を弱点と狙《ねら》い定めて、実に効果的な反撃を実行したのです。

ある身体検査の日、今からは考えられないことですが、その男性教師はクラスの女子を保健室に集めるとパンツ一枚にして、一人ずつ順番に自分の目の前で身体計測をさせました。全員の体をにやにやと眺め終わって、彼は私の方を向いて言いました。

「小島は、偉そうなこと言ってるけど子供の体だな。胸なんかぺったんこじゃないか」

そのときの屈辱と敗北感は回復しがたい傷を私に残しました。友達の前で劣等感を直撃する指摘を受けたことは、公開レイプと同じことでした。あれは確かに、女に対する最も効果的な攻撃でした。教師は、私を児童としてではなく、いけ好かない女としてやり込めたのです。どんなに勉強ができても、お前なんかガリガリのガキじゃないかと嘲笑《ちょうしょう》し、完膚なきまでに私を打ち負かしました。私を最初に犯したのは、あの男だったのです。

私にとって幸いだったのは、本格的に男の目にさらされるその後の思春期を、女子校で過ごせたことです。もしあのまま共学に進んでいたら私にとって女という性は常に男に品定めされるものとして憎むべきものになったでしょう。

しかし女子校は女を序列化するのは女自身という現実を知る場でもありました。それはそれで苦しいものの見方を覚えたものだとうらめしくも思います。

女子校での6年間

中学から6年間通った女子校には、古い桜並木がありました。春になると空も見えないほどの満開の桜が見事でしたが、在校生たちは重厚な構えの正門から校舎までの長い道を敬遠して、普段は手近な飾り気のない通用門を使っていました。桜の時期だけ、お花見をかねて遠回りして帰るのです。

3月の末になると古木の枝先がえび色に膨れて、最初の一輪が咲いたかと思うと雲が湧《わ》くように満開になりました。花の下にいると確かに何かがわんわんと鳴っているような気がするのに、音がないのが恐ろしい。帰りはぐれて一人で歩く並木道には、みっしりと花の気配が満ちていました。

毎年4月にこの桜のアーチをくぐる新入生の半分は受験に合格した子、もう半分は内部進学生。大人しく机の前に座っている間にも髪が伸びるように、少女たちは我知らず驕《おご》りの色を深めて、少しずつ女の顔になっていきます。最初に門をくぐってから

6回桜を見るうちに、すっかり変わってしまうのです。

入学した女子一貫校は、青山にあった校舎が空襲で焼けたので元は陸軍の土地だった場所に移ったとかで、赤煉瓦《れんが》の古い建物が残っていました。軍人の幽霊が出るという噂《うわさ》でしたが、臨海学校の宿舎も戦前のもので、女子が泊まると夜中に陸軍大将の亡霊が蚊帳《かや》をめくるという、怖いような怖くないような話もありました。

校内で亡霊こそ見なかったものの、調理実習の食器が足りなくなったので戸棚の奥の方を探ったら、のらくろがつけているのと同じ星のマークのついた厚手の磁器の碗《わん》が出て来たことがあります。びっくりするほど重くて持ちにくい器を眺めて、兵隊さんの手は大きいのだなと思いました。

校舎の裏手には陰気な林があり、古い木造の礼法室が建っていました。中学に入るとすぐに、新入生はここで作法の授業を受けます。挨拶《あいさつ》は時と場合で使い分けるものだと思っていた新入生たちは、時節も上下も関係なく使える万能の挨拶があることを学びます。

ごきげんよう、は仲間を確認するための符丁でした。ごきげんようにはごきげんようで返すのを知っている者同士の合い言葉でもあったのです。

お辞儀の長さが通常の数倍かかるのも伝統でした。式典でぴょこんと頭を上げてしまうのは新入生だけ。在校生たちは何秒もかけてゆっくりと顔を上げます。初めて見たとき、それが号令でもかけたかのようにそろっているのに驚きました。お辞儀の時間は何度か失敗しながら、自然に周囲とそろうようになるまで身体で覚えました。高校から編入して来た子たちが入学式で顔を上げてきょとんとしているのを見たとき、今日から私は外様《とざま》ではないのだと、誇らしく思ったものです。

その学校に祖父母の代から通っている幼稚園上がりの子が譜代《ふだい》だとすれば、小学校上がり、小学校編入組、中学校上がり、高校上がりと外様度が増していって、大学からの人間は系列外という扱いでした。誰もはっきりと口にはしないけれど、人生のどの段階からその学校の一員となったかによる階層があったのです。

大人になってから、ある難関大学出身の女性に「私の一族はみなあなたと同じ学校の出身なのに、私だけ幼稚園から高校まで、落ち続けた。だからうんと勉強して、大学はそこよりいいところに行ったのよ」と聞かされた時に、譜代一族の母校への思い入れは大変なものなのだと知りました。私が中学上がりと知るや、そう言わずにはいられないほど、彼女が譜代を継げなかった自分を未《いま》だに後ろめたく思っていることが分かったからです。

しかし中学・高校の学内では、途中から入って来た子をあからさまに仲間外れにするようなことはありませんでした。それはみっともないことだという意識があったからです。けれど、階層化していることは誰もが知っていました。生徒たちはただ、違うものは違うということを知っていただけです。それは誰にも選べなかったということも。

似非《えせ》お嬢様

もっともそれは、心根のいい子ばかりが集まっていたからではなく、少女たちが共通の行動様式を身につけていたからに過ぎません。お育ちがいいとはそういうことで、お行儀がいいだけでなく、どのように振る舞えば自分の欲望や悪意を上手《うま》く隠しおおせるかを早くから心得ているということでもあります。それが内省の成果なのか、狡《こう》猾《かつ》な戦略なのかは、制服に覆《おお》い隠されているうちはわかりませんが、一度脱いだらたやすく露呈するものです。

私のように中学から入ったサラリーマン家庭の子どもたちは、内部進学生の会話の端々から、この世には生まれながらの富裕層の娘や名家と言われる家柄の子がいること、自分が恵まれていることに気がつかないほど恵まれている人たちがいることを知りました。

たとえば、夏は避暑地の別荘か、海外に所有する高級コンドミニアムで過ごすのが当たり前の人がいることに驚き、先祖が教科書に載っていたり、皇族と縁続きである人がいることに驚き、車庫には外車が2台以上が当たり前という世界の存在に驚くのです。あまりに驚くことが多いので、驚き耐性がつきます。びっくりするような話を聞いても、何事もなかったかのように笑顔で頷《うなず》くことが出来るようになるのです。それは自分の脆弱《ぜいじゃく》な自尊心を守り、体面を保つためでもありました。

私の母は、向かいの家が中古のドイツ車を買って、娘にヴァイオリンを習わせていることをことあるごとに話題にしていたというのに、この学校ではそんな人はいくらでもいる。私が新宿の京王線のホームで特急の空席狙いで並んでいる間に、とっくに帰宅して、広尾の図書館で名門校の男の子と待ち合わせている子たちもいる。でも、それは誰かが私に意地悪をしたからそうなったのではない。私に何かの罰が下っているわけでもない。そうなっていることは、誰のせいでもないのだとわかっていました。そう認めるのは寂しいことでもありました。

名の知れた一貫校に入ればあとは安泰！と励ます母の言葉を信じて、頑張れば夢は叶《かな》うと泣きながら勉強して手にした合格は、頑張ってもどうにもならないことがあると思い知らされる世界への切符でした。容姿や家族以外にも、人生は自分では選べないことばかり。むしろ、自分でどうにか出来ることの方が少ないのだと知ったのです。郊外の地元ではエリートコースに乗ったつもりでしたが、テストで点を取っただけの新参者は、伝統校の世界に小指の先一つで引っかかっただけの似非お嬢様であることは明らかでした。制服を着ていれば世間では別格の女の子でも、一歩校内に入ると見栄《みば》えのしない存在になる。同じ姿なのに、置かれる場所で価値が変わってしまうのです。

平凡な自分がここで生きていくためには、羨ましいという気持ちとどうにか折り合いを付けなくてはならないと思いました。どれほど羨んでも、3代前からやり直さなくてはならないほどの違いがある人たちとの差は埋められない。既にある差異ではなく、これから生じる差異においてのみ、勝負の余地がありました。

もちろん、誰も私と勝負なんかしていませんでした。自意識過剰の哀《かな》しさで、そう思い込んだだけです。でも、自尊心を羨望《せんぼう》に食い荒らされないようにするために、私はそのような理屈を考えだして、なんとか自分の居心地のいい場所を作ろうとしました。

そこで、高校時代にはよく勉強をしました。そして、人を笑わせることを工夫しました。成績がいいことは自信に繋《つな》がったし、ねたましい人物でも、私の話で思わず笑ったなら、少しは好きになれると気付いたからです。

なんとか拠《よ》り所を発見した私は、ただただ境遇の違いを羨むという非生産的な行為から遠ざかることが出来ました。それは完全な独り相撲ではありましたが、結果として怨嗟《えんさ》の無間《むげん》地獄には堕《お》ちずにすんだのです。

「夜間高校しか出ていないくせに」

その頃、母に友人の話をすると必ず喧嘩《けんか》になりました。母は、私が仲良くなった子の名前をすぐに在校者名簿で調べるのです。当時は個人情報保護どころか、在校者名簿には生徒の名前、住所、父親の勤め先や役職まで載っていました。毎年更新されるので、あのうちの父親は出世したとか、転勤になったとか、都心のマンションに引っ越したなどなど、他人の事情をいくらでも詮索《せんさく》できました。

「あら、その子のお父さんは中堅メーカーに勤めているのね」「家が麻布《あざぶ》よ」母は嬉々《きき》として名簿をめくります。その子がどんな面白い子なのか、なぜ私と気が合うかを尋ねるよりも、娘がどんな家の子と知り合いになったのかに関心があるように見えました。

同じクラスのあの子は、旧華族のおうちなんだってと話そうものなら、母はどこで見つけたのか「日本の旧華族一覧」のような本を引っ張り出してきて、すぐに調べ始めます。そして勝ち誇ったような顔で言うのです。「それは嘘《うそ》よ、慶子。だって、この本に載っていないもの」そんな母の姿に強烈な嫌悪感を覚えました。「なんでわざわざ否定するのよ？　名家でもないうちにはわかるはずもないことでしょ？　いい加減な本なんか信じないで、娘の話を信じてよ」

上流社会への強い憧れから娘に受験を薦めた母は、いざ本当に恵まれた人々の存在を知ると、自分との埋めようのない格差を引き受けることが出来ず、聞き苦しい難癖を付けては認めようとしませんでした。その弱さと愚かさに私は苛立ちました。違うものは違う。毎日学校に行ってその理不尽さを体験している自分は、安いファンタジーに酔って野次馬根性をむき出しにしている母よりも、ずっと大人だと思いました。嫉妬《しっと》から自由になれないあんたなんかより、違いを受け入れて認める知恵をつけた私の方がずっと上等だ。貧乏人の家の出で、夜間高校しか出ていないくせに。次第に私は、母がもっとも気にしている学歴をあげつらって、あからさまに罵声《ばせい》を浴びせるようになりました。私は一部上場企業の社員の娘で、学力でブランドを勝ち取ったのよ。あんたみたいな聞いたことのない学校じゃなくて、誰もが知っている名門校の生徒なの。あんたとは違う人間なのよ。あんたと違って頭がいいから、嫉妬心だって飼いならすことが出来たわ。

母は傷ついていました。貧乏も学歴も、彼女にはどうすることも出来なかったことだからです。それを見るたびに、胸がうずくような罪悪感と同時にこう叫びたい気持ちが湧き上るのでした。「どう？ これがあんたの欲しがった、お嬢様学校に通う自慢の娘よ。憧れのあの学校に入れた娘が、こんなひどいことを言うなんて思いもしなかったでしょう？ 名門校とやらが、こんな下品な女を作るとはね。あんたが娘を使って手に入れたと思っている世界は、あんたに洟《はな》も引っかけやしない。娘を送り込んで一員になったつもりかもしれないけど、永遠に手の届かない世界なのよ」

私は、母に憑依《ひょうい》されるのがたまらなく嫌でした。あなたの見たいものだけを見るために私に取り憑《つ》かないで。あなたの見たくないものを、私は私の目で見る。そしてそれを引き受ける。あなたが夢を託したつもりでも、私は自分の人生を生きるのだと。いくら事実を話しても自分の思い込みから出て来ない母に苛立ちを募らせて、私は毎日、泣きながら怒鳴っていました。本当はこう言いたかっただけなのに。「ママ、この学校の世界はママの想像とは違うのよ。私はこの足で通っているから、わかるの。

私が何を見たのか、何に苦しみ、どうやって乗り越えているのか、関心を持って欲しい。あなたの物語を追うのではなくて、私に何が起きているのかを、ちゃんと聞いて欲しいの」けれどもそれは、母には決して伝わりませんでした。母は、他者を持たない人だったからです。彼女にとって娘は分身であり、作品なのでした。

幼い頃から、母との闘いはいつも同じことでした。私はあなたではない、あなたとは違う人間として認めて欲しいと訴える私と、なぜあなたは私が欲しいものを与えても喜ばないの？　私が手に入れられなかったものを与えたのにどうして？と苛立つ母。決してかみ合うことのない話をしていると、自分と母との間に分厚い透明な壁があるような気がしました。手の触れる距離で向き合っているけれど、背中から背中まで、地球一周分離れているのだ、この人とは。

それでも期待しないではいられませんでした。私は母に他者として関心を持たれることを、母は娘が自分の延長として生きてくれることを期待し続けたのです。そのために互いに傷だらけになりながら。どちらも、ただ幸せになりたいだけでした。目の前の大切な人に、分かって欲しいだけだったのです。

女社会の看板とお手本

その頃、自分が容姿に恵まれていることに気がつきました。修学旅行の写真を眺めていて、ふと自分は一般的に見たら美人の部類に入るんじゃないかと思ったのです。抜群の美人ではないけれど、捨てたものではないと気がついて、嬉しくなりました。それまでは容姿を褒められることがあっても、当てつけかお愛想だと思い込んでいたからです。

女は集団になると入念に他の女の品定めをして、分類します。誰が誰より上か、自分はどこか、いつも位置確認と順位の入れ替えに忙しい。そんな厳しい批評家たちに認められるのは、神様に愛されている女の子か、要領のいいおしゃれな女の子たちです。

神様に愛されているというのは、簡単に言うとぶっちぎりで可愛いということ。目を奪われるほどの女の子というのは3学年に一人ぐらいはいます。彼女たちは、すぐさまアイコンにされます。

女は自分とは勝負にならないぐらい容姿に恵まれた女を見つけると、排斥するよりも利用する方を選びます。口々に賞賛して、その子を集団の看板に祭り上げてしまいます。看板の威光で自身の立場のかさ上げをはかろうという心理が働くのです。

美容師の元に憧れのモデルの写真を持ってくる女の子は、仕上がったときに「○○さんにそっくりですね」と褒めてはいけないのだそうです。「○○さんぽくて可愛い！」と言うととても喜ぶのだと。同じ髪型にするのは、別人になりたいのではなく、別人の延長上にいる自分になりたいという願望からだからです。

女社会には看板も必要ですが、お手本も要ります。要領のいいおしゃれな子というのはこのお手本にあたる人たちで、概してぶっちぎりの美形ではありません。けれどちょっとした言動の工夫や自意識の操作によって、相手に与える印象を変えるのが上手です。美点は一つあればいい。それを元手に効率良くイメージを拡大するすべを本能的に知っている人たちです。

首のかしげ方、喋《しゃべ》り方、スカートの丈。工夫していることは分かるけれど、あくまでもさりげない……という塩梅《あんばい》を本能的に分かっている子はクラスに一人か二人はいる。今でいう読者モデルのような存在。学内で流行《はや》るマフラーの巻き方や鞄《かばん》の持ち方などは、たいていその子たちがお手本になっていました。

私は、アイコンになるほどのぶっちぎりでもなく、お手本になるほどのセンスも持ち合わせていませんでした。背が高くて目立つ容姿だということは知っていたけれど、幼いころから自分のくどい顔が嫌いで、ガリガリの体型にも強い劣等感を抱いていました。なんとか美点を見出《みいだ》そうと鏡を見ると、への字の口と太い眉毛《まゆげ》が目障《めざわ》りで、いかにも時代遅れの感じがします。どうか、いつかどこかの目利《めき》きがお墨付きをくれて、私を自己嫌悪から解放してくれますようにと待ち望んでいました。

ですから、ある日ふと「あれ、私はなかなかいいようだ」と思ってからは、もっと賞賛されたいという欲望がむくむくと大きくなりました。とはいえ当世風の顔ではないので、この先も所属集団の中でアイコンにもお手本にもなれそうにはありません。だから違う集団、もっと大きな集団の中で認められることで、その虚栄心を満たしたいと考えるようになりました。

足が速いとか数字に強いとかと同じように、容姿がいいのも、それが長所になるなら使えばいい。足が速いのを生かしてオリンピックに出ると賞賛されるのに、見た目がいいのを生かして仕事をしようとすると浅ましいと言われるのは理不尽なことです。

誰一人自分の美点も欠点も選べずに生まれてくるのに、容姿がいいのは思い上がりが強いとか、人の気持ちがわからない自己偏愛者のように言われる。でも足の速さと同じように、顔も偶然引き当てたくじなのだから、当たりを引いたからと言って偉いわけでもないし、使い勝手がいいなら使えばいい。自分の容姿がぶっちぎりではないが印象に残りやすい程度に整っているということを知って、私はそう考えるようになりました。

私は12歳でそれまで見たことのない世界に出会って、中庸《ちゅうよう》は自由であると知りました。恵まれていることに自覚的でいられる程度に不自由で、恵まれている人を呪《のろ》わなくても済む程度に自由な立場でいることが、ものの見方を公平にすることに気がついたのです。

しかしそうやって羨望とのつきあい方を覚えても、私は相変わらず世間知らずでした。初めて桜のアーチをくぐった日に芽を出した小さな自負がいつの間にかすっかり大きくなって、驕慢《きょうまん》な花を咲かせていました。

正門からの長い道は隣接する高校の敷地に沿っていました。当時はその辺りに系列の女子短大の校舎が建っていたのですが、バブル景気のころのことで冬には毛皮を来て学校に来る短大生もおり、高校生たちはそれを見て田舎成金がお嬢様気取りでと陰で笑っていました。高校から短大に進学する人は殆《ほとん》どいなかったこともあって、同じ敷地内にありながら、私たちは短大生のことはまるきり先輩とは思っていませんでした。そもそも大学も短大も戦後になってから出来たので、江戸時代に始まるこの学校の本体は高校までで、大学や短大はその付属だという意識が強かったのです。しかしその伝統も、もともとは限られた家庭の子女教育が目的であったのですから、私のような先祖もあやふやなサラリーマン家庭の子どもは学力とお金でブランドを買っただけ、という屈折した思いもありました。だからこそ、自分よりあとから乗り込んで来た者を笑ったのです。自分の下衆《げす》な性根を後ろめたく思いながら、心地いい優越感にも浸っていました。欲望も悪意も、覆い隠そうとすればするほど姿を現すものです。無欲と善良を強調するほど俗物ぶりが露呈する。だからといって欲望と悪意を野放しにするのは恥知らずです。どっちに転んでも、俗物でしかないということを認めるのは勇気がいることとでした。

大学に進んでからは学部も部活もバラバラになり、それぞれ恋愛に忙しくて、内部進学者たちの母校への執着は次第に薄らいでいきました。制服を脱いだ私は、もうみんなと同じじゃない。世界に一人の私の価値を認めてくれる人と出会いたい。

思春期が終わって青年期に入った若者は、自分が誰の威光も借りずに輝く存在であることを証明しようともがきます。結果としてそれは、自分の凡庸さを受け入れることでしたが、それでも、自分たちが選ばれた女であるという自意識は、形を変えて私たちを縛っていました。

幸せにならなくてはならない。誰よりも、誰が見ても納得するような、人から羨ましがられる幸せを手にしなければ。だって私たちは、特別な女の子なのだから。

過食嘔吐《おうと》の始まり

私が大学生のころは、フジテレビに続いて日本テレビを中心とした女子アナブームで、民放各局ではアイドル並みの人気女子アナが活躍していました。女の人生のピークは20代と信じて疑わなかった私は、その時期にちやほやされるのはさぞ楽しいだろうと思いました。女の喜びを手にしながら、男並みの高収入が得られるなんて。

一方では、たった1時間ほどでもの知らずの女子大生の脳みそに社会問題への覚醒《かくせい》をもたらすテレビのドキュメンタリー番組への憧れも抱いていました。ああいう番組に関わる仕事がしたい。でも、調べてみたらディレクターってとても大変そう。なら、アナウンサーとしてなら関われるんじゃないかと思いました。

人は自分の特技を生かして仕事が出来ないかと考えるものですが、テレビで喋る、つまりおしゃべりで出たがりで見栄えがすればいいという仕事なら、私にも出来るのではないかと思いました。おめでたい発想ですが、本気でそう考えたのです。働くということを、まだ何も分かっていませんでした。

しかし何より切実だったのは、自力で稼ぎたいという動機でした。

女の幸せは玉の輿《こし》という母の信条のもと、「きれいな花にしかチョウチョは来ないのよ」と繰り返し聞かされた思春期。私が15歳のときに、姉が結婚しました。

ホテルでの披露宴はとても華やかでした。一流大学を出た一流企業に勤める人と一流ホテルで結婚していつか外国で暮らすことになる姉。私はママが思った通りの幸せをつかんだお姉ちゃんと同じかそれ以上に幸せになれるかしら。きっとならなくちゃいけない。そうでない人生なんて、落ちこぼれだと思いました。ママはきっとこれから私にいろいろな思い入れを注ぎ込むだろう。どこにも逃げ場はないんだ。

この家で、娘は私一人になってしまった。ある日の夕食後にそのことに気がついて、明かりの消えたリビングの闇《やみ》が食卓に押し寄せてくるような重苦しい気持ちになりました。逃げたい、でもどこにも行き場がない。そのころから太るのが怖くてたまらなくなり、摂取カロリーと体重計の数字に細心の注意を払うようになりました。

母の料理を食べないと生きていけないということは、毎日母との言い争いをしていた私にとっては敗北であり、母の支配に屈することでもありました。自分に干渉し土足で自尊心に踏み込んで来る人間を激しく憎み拒みながらも、結局はその人物が作った料理を食べて生きるしかないのは、胃袋を介した陵辱《りょうじょく》と同じことでした。

母は毎日の献立を考え、料理を作り、片付けることを苦行のように繰り返しながら、ちょっとした工夫を得意げに披露しました。今思うと家事労働のキツさをこぼし、味付けの工夫を自慢するなんてよくいる無邪気なお母さんですが、当時の私にとってそれは「これだけ苦労して食べさせてやっているのだから感謝しなさい」という貸し付け書であり、取り立てであると感じられたのです。

どんなに言い募って母を罵倒しても、結局はその人の股《また》から生まれ、その人の手料理で出来た身体を生きなくてはならないというのは投獄と同じことでした。どこまで逃げてもこの身体はついてくる。身体が飢える限り、私はこの家に帰り、言い争いながらまた食事をしなければならないのだと。

自分が作るものも含めて私が未だに女性の手料理に対して強い警戒感と抵抗を覚えるのは、料理は支配だという考えを拭いきれないからです。無料の料理は無償の愛だから、食べた者は応《こた》えなくてはならない。それを利用している女のなんと多いことか。

高校に入った頃から、私は食事の量をうんと減らし、友達からもらった甘い物は口に入れてからそっと紙に吐き出し、そんな自分の意志の強さに満足するようになりました。しかし高校3年になった頃にはそれまでの反動からか食欲が抑えきれなくなり、夜中にキッチンで食べ物を口に含んでは飲み込まずに吐き出すことを繰り返し、やがて我慢できずに飲み込んでしまうようになると、体重は見る間に増えて行きました。

18歳のときに初めて交際した大学生は、大手銀行に内定していましたが、すぐに破局。失恋のショックよりもまず、銀行員の妻の座を逃してしまったという焦《あせ》りの方が強く、次は商社か広告代理店かと思い悩むうちに、ある日すっかり嫌気がさしました。私は金勘定ではなく、ただ好きな男と一緒にいたい。男の金をあてにすると欲が出る。ならば、私が稼げばいい。私に稼ぎがあれば、たとえ相手が文無しでも、好きな男と結婚出来るではないか。ああそれこそ、正直な愛、本当の愛。

自分がバリバリ働く女になるなんて想像したこともなかったのに、失恋を機に180度転換し、男性並みに稼げる仕事に就いて、実家からも玉の輿願望からも自由になりたいと真剣に思うようになったのです。真面目《まじめ》に通わなかったせいで大学の成績は今一つだし、今から難しい試験勉強をしたってたかが知れている。それでもなんとか男性と同じ待遇の仕事に就けないものかと悩んだあげく、実技と面接重視のアナウンサー試験ならなんとかなるのではないかと思いました。

そのようにはっきりとした目標を持って母からの自立の一歩を踏み出したのはめでたいことだったのですが、好きな男性に拒絶されたことの傷は深く、屈辱を忘れようと食べることが止まらなくなり、その自己嫌悪から逃れるためにさらに絶え間なく食べ続けて、気づけば67キロになっていました。

オランウータンのオスのように顔の左右に肉がパンパンに張り出し、手持ちのスカートは全《すべ》て入らなくなりました。裸で座ると腹の肉が幾層にも積み重なって、ああこれが三段腹ってやつか、本当にあるんだなと自虐《じぎゃく》的な感動すら覚えます。店で9号サイズのスカートを見ても、こんな小さな輪っかの中に収まるウエストがあるものかと、信じ難い思いでした。就職試験を控えてさすがに痩せなくてはと思い、無理なダイエットで50キロ台に戻したものの、依然として自己嫌悪や不安を食べることでしか埋められず、体重を増やさないようにと、食べては吐くようになりました。

次第にその量はエスカレートし、アルバイト代をはたいてコンビニで買い込んだ食べ物を全て胃に押し込んでは戻していたため、実家の下水管を詰まらせてしまいました。業者を呼んで修理してもらったあと、母は「いくらかかったと思っているの。どうしてこんなところから食べ物が出てくるんですかって言われて、恥ずかしかったわよ、みっともない。トイレもいつも汚すから臭《にお》うし、やめてちょうだい」と嫌悪感を露《あら》わにしました。

母が私の食べ吐きに気がついていたことが恥ずかしく、見て見ぬ振りをしていたことが腹立たしくもあり、なぜ娘の異常行動を知りながら「どうしたの」と尋ねようとしないのか、醜い娘には関心がないのかと、自己嫌悪と同じくらい強い母への憎悪を覚えました。その後も症状がよくなることはなく、就職試験中も、テレビ画面に出るようになってからも過食嘔吐は続きました。

摂食障害に苦しみながらも、玉の輿の理想を押し付けた母への反発から思わぬ自立心を芽吹かせた私でしたが、「女は男の言うことをきかなければならない」という教育をされたことが一度もなかったのは、幸いでした。そうでなければ、あのように思い切ることは出来なかったでしょう。その点では母に感謝しています。尤《もっと》もその結果選んだのが、男を立ててしたたかに立ち回ることが何より必要な仕事だったのは皮肉なことでした。

「女子アナ」という俗称が示す通り、若い女性局アナは、男性優位社会に依存して特権を得る女の象徴です。お利口さんで、気が利いて、可愛げがあって、分をわきまえた、完全無欠の女の子でなくてはなりません。それと引き換えに、有名企業の箱入り娘の肩書きも、タレント並みの人気者の座も、一生食べるのに困らない会社員の座も、全て手に入れることが出来るのです。絶対に失敗したくない強欲者にとって、いくつもの特権と保険が用意された局アナという仕事は理想的ですから、採用試験には女子大生が殺到します。

そして放送局の社員にとっては、タダで使えるみんなの女が局アナであり、新人女子アナは俺のものかも知れない女なのです。入社間もない局アナがわざわざ「新人アナの〇〇です」と名乗るのが猥《みだ》りがわしく聞こえるのは、そう言わせている男たちの劣情が丸見えだから。まだ誰のものでもない女に対して、テレビに出たいという欲望を満たしてやったのだから、お前は俺の女だ、と言いたくてたまらない作り手の本音が透けて見えます。出たがり女と蔑《さげす》みながらも、光のあたる人間はやはり眩《まぶ》しいのです。

そのことに気がついた利口な女たちは、自分が欲望の対象であることを最大限利用します。相手の欲望に応える限り、相手の弱みを握ることが出来る。それは欲望の等価交換であり、意志的なコスプレでもあります。

女が女を演じるとき、欲望は通貨になるのです。

4章

憧《あこが》れと敗北の女子アナウンサー

初めての一人暮らし

小学生の息子が、社会科見学の準備で東京都の地図帳を開いています。「わあ、東京の左の方は山ばっかりだ」そうだね、と言いながら覗《のぞ》き込むと、西から濃い緑の山並みが東に向かって水が滲《にじ》むように広がっていて、その東の端の多摩丘陵の先端、薄茶色の指の股《また》のようになったあたりに、私が子ども時代の大半を暮らした町がありま す。「ここがママの育ったところ」息子はふーん、ちょっと山の方なんだね、と言うとページをめくりました。私は思い出します。そうだよ、私はね、あの丘の上で育ったの。自分の家の周りと中学校のある場所では、気温も雪の深さも違ったんだよ。

多摩丘陵の住宅地から高田馬場までの1時間半を長靴で登校すると、クラスメイトはみな革靴を履いていました。何で長靴？と怪訝《けげん》そうです。都心の雪はちらちら舞っては消えて朝を迎えたのに、私の家の周りにはうっすら積もって、最寄りのバス停までの坂道は長靴でも用心しないと滑るほどだったのです。「あなたの家は何県なの？」「一応……都内だよ」と返すたびに、なぜ自分が23区内に生まれなかったのか、恨めしく思いました。

東京郊外の住宅地から都心の伝統女子校への通学は、クラスメイトとの心理的な距離を、満員電車に揺られ、2度の乗り換えを経ながら身体《からだ》で確認する旅路でした。今思えば笑ってしまうようなことだけど、10代の私にとっては大きな悩みだったのです。大学生になっても、買い物をしたときに顧客カードに記入する電話番号が04で始まることをとても恥ずかしく思っていました。

社会人になって初めての一人暮らしで何が一番嬉《うれ》しかったかというと、世田谷区民、市外局番03、という立場を手に入れたことでした。そんな他人から見たらどうでもいいことでも、自分のちっぽけな自尊心を補強するための大切な拠《よ》り所でした。それは確かに俗な虚栄心ですが、それでも自分が憧《あこが》れていた場所に立った喜びは、小さな覚悟や勇気を私の中に生み出しました。私はそれまでずっと、ここではないどこかへと思って、努力してきたのです。

その具体的な象徴が、新宿のビル群の明かりでした。終点近くの駅から長い間電車に揺られて、あのビル群が見えると都会に来たという華やかな気持ちになりました。

いつかきっと、あのビル群の見える場所に住むんだと思っていたのです。初めての一人暮らしで部屋を決めるときにも、それは絶対条件でした。

ただ、住むことになった部屋は西向きで、富士山が真正面に見えたけれど、新宿のビル群はキッチンの横の窓に頰を押し付けてようやく左目の端で見ることが出来るぐらいでした。それでも嬉しくて、すっかり顔に跡がつくほど長い間、窓に貼《は》り付いて一人でビルの明かりを眺めていました。ようやくここまで来た、ついに東京都心の住人になったんだ、私。しかも、この街の人々も羨《うらや》むような、放送局のアナウンサーという特権を得て。

ここはステージで、私は新しい役をもらった主人公なんだと思っていました。実家からほんのちょっと東に移り住んだだけで、まるでドラマが始まったような高揚感を味わっていたのです。

そんな郊外出身の私でしたが、地方から東京に来てアナウンサーになった人たちの気概には、絶対にかなわないと思っていました。中には、子どもの頃に慣れ親しんだ言葉とは違う言葉を喋《しゃべ》って画面に出ている人もいる。東京にいる事自体が舞台上の出来事で、それに加えて言葉のプロとして全国の画面に登場する立場を得たのですから、彼らは幾重にも重なった夢の舞台に立っているのです。そこに至るまでの努力と自負と執念は、地元の言葉で地元の企業にうまく潜り込んだ感覚の東京出身者とは、比べものになりません。彼らの仕事に対する思い入れは、私にはきっとわからないんだろうな、と思っていました。

同時に、都心の高級住宅地で生まれ育った人には、私の渇きはきっとわからないだろうとも思っていました。ちょうど同期の人たちが、お国言葉の強い地方から来た人と、山の手のお嬢様だったので、私はこの二人のどちらともわかり合えないだろうという思い込みを次第に強くしていったように思います。

人はみなそれぞれに自分だけの孤独を抱えていて、完全に理解し合えるものではないのに、若い頃の私は「わかり合える人が欲しい」と強く望んだばかりに、却《かえ》って違いを過大視して、孤独を深めていました。なんてしんどい生き方だったんだろう。15の頃に始まった摂食障害が悪化したのも、もっともなことでした。

それに加えて、母の干渉は相変わらずでした。人生初の生中継が電波の障害で途切れると、誰があなたに意地悪をしたのかと尋ね、放送を見ては分厚い手紙を送ってくる。テレビ業界のことは何も知らない母の妄想めいた勘繰りや的外れな指南に、はらわたの煮えくり返るような思いがしました。くたくたになって帰宅すると、留守電が点滅していたり、ファクスから一反木綿のように長々と吐き出された感熱紙に、癖の強い母の字がくどくどしく綴《つづ》られているのです。

ただ認めて欲しかった。私には分からない世界だけど、慶子は一生懸命頑張っているのね、と感心して欲しかった。しかしそれは無理な話でした。母が納得するような華やかなアナウンサー像から、私は大きく外れていたのです。

生来のお調子者

1995年の春は、私にとって安全な世界の終わりであり、新しい世界の始まりでもありました。

1月に阪神・淡路大震災、3月には地下鉄サリン事件が発生。信じ難い災害が起き、住み慣れた街に自分を殺そうとする者たちがいることを知って、それまで見て来た風景が全《すべ》て書き割りのようにはがれ落ちるような思いでした。世界は、安全ではない。これまでも、これからも。それから16年後の3月に、さらに切実にそう思うことになるとはまだ知らない、22歳の春でした。

人生に最悪のことは起こらないだなんてまるきり約束されていなかったことに気付いた矢先に、私は社会に出て働き始めることになったのです。

もし違う年に就職したのだったら、もっと呑気《のんき》に新人女子アナ気分を満喫できたことでしょう。放送局の社会的責任とは、報道の使命とはなどと、なんの経験もないのに思い悩むこともなかったかもしれません。自分がマスコミュニケーションの現場に立つことになる高揚感と使命感で、私はすっかり頭でっかちになっていました。この社会をなんとかしなければ。私もその一員なのだから。放送にはきっと世の中を変える力があるはずだ、と気負い込みました。何事も最初が肝心ということを、今回もまた忘れてしまったのです。

一方で、私は生来のお調子者でもありました。高い競争率をくぐり抜け、人気の職業に就けたのだから、自分はきっと優秀な人物なのだろうと信じていました。根拠のない万能感に酔いしれて、すっかり甘えた気持ちになっていたのです。会社は私のことを何もかも分かってくれている。その上で採用してくれたのだと。

同期入社は40人ほど。そのうちアナウンサー職は女性3人でした。数年ぶりの3人娘の登場に社内は歓迎ムードで、3人まとめてあちらの番組こちらの番組に呼ばれては、「新人アナウンサー」という字幕つきで紹介されます。

局アナは、タダで使えるみんなの女。まだ誰のものでもない女たちは、好奇と品定めの目に晒《さら》されて、すぐに自分の価値に気がつきます。ただしそれは、うんと若い頃から自分が特別な存在であることを知っていた女たちにだけ働く勘です。

自分が欲しがられる女であるのを知った上で、どのような需要があるのかを敏感に察知する能力。これればかりは研修で身につけられるものではありません。もっとずっと前から、多分小学校に上がる前から、見られることに自覚的な女の子たちがいるのです。彼女たちは、人が「見たい欲望」に弱いことをよく知っています。目は、最も衝動的で貪婪《どんらん》な器官です。理性が働くよりも先に目は対象を捉《とら》え、隅々まで吟味します。そこに確かに自分が見たいものを見たと満足して膨れた腹をなで回すまで、何度でも味わう。見ることと得ることはとても似ています。見たものは、自分のもの。眺める者は眺められる者の主《あるじ》であり、眺めるということはすなわち所有することなのです。

自分がそのように人から欲しがられることを知っていれば、取引ができます。見たいものを見せることも、見せないこともできる。見る側が主気取りなのをいいことに、それを利用して振り回すことだってできます。なにしろ見たがる気持ちは抑えようがないのですから。その味を早くから知っている女は、登場するや否《いな》やすぐに取引を始めて、すっかり周囲を観客にしてしまうのです。

あるとき、新人アナウンサー3人娘が深夜番組にゲストとしてよばれました。男性タレントとおしゃれな店のソファでお酒を飲みながら、打ち明け話をするという設定です。放送局の看板娘、激戦を勝ち抜いて入社した選ばれた女たちの意外な素顔！……まだ、私は気がついていませんでした。人が新人女子アナの中に見たがっているものがいくつもあるということに。

女は期待します。「完全無欠の女の子」のふれこみで現れた女が、実は性悪で淫乱《いんらん》であることを。男は夢想します。高嶺《たかね》の花が、実は純朴で従順な女であることを。優等生面《づら》をしながら、男に媚《こ》びて甘い汁を吸う女たちの化けの皮をはがそうと、観衆はもて囃《はや》すそばから隙《すき》をうかがいます。

しかし一方では、どんなに軽薄な女であっても、会社員であることを弁《わきま》えている限りは、正確に言えば、スタジオと茶の間のお客様をもてなす役割を弁えている限りは、自分のしもべとして目をかけてやろうという主の心理も働きます。足を引っ張ってやろうという気持ちと、支配したいという気持ちとがないまぜになって、すっかり目が離せなくなるのです。

件《くだん》の深夜番組の収録では新人女子アナたちが酔っぱらって羽目を外すことが期待されていました。好みの男性のタイプを答えさせたり、恋愛話を尋ねたり。そのうち、地方出身の子に実家に電話をかけさせようということになりました。もちろん、初めから本人には言ってあるのですが、相手はテレビと知らずに電話を受ける身内です。強い癖のある方言で娘の身体を気遣う母親、恥ずかしそうにそれに答える娘。会話はスタジオに大音量で流れます。日本語のお手本たるアナウンサーの、お国言葉丸出しの受け答えは、スタジオ中の男性を興奮させました。しかも、母親と話して気が緩んだのか、膝頭《ひざがしら》が離れてスカートの奥が見えそうな危うさ。電話を切ってからも、司会の男性から彼女への質問は尽きませんでした。

次に話をふられたのは、都会育ちのお嬢様。さわやかな笑顔がほんのりと染まって、思わず学生時代の恋愛話を告白します。有名大学を出た美人がとろんとした目で色っぽい話を披露したのですから、スタジオは天恵とばかりに盛り上がりました。

ではここで催眠術をかけましょう、と司会者が言いました。ほろ酔いの新人女子アナは、果たしてどうなるのか。指名された私は緊張しました。どうしよう、こんなに盛り上がっているのだから私も負けてはいられない。きっとここで期待されているのは「催眠術にかかってあられもないことを口走る女子アナ」なのではないか。なんとしてもかかってみせなければ。

けれど、一向にかかった気がしません。意識もハッキリしているし、気持ちが焦《あせ》って酔いが醒《さ》めていくばかりです。ここでちっとも術に反応しなかったら、みんな白けるだろう。新人の小島はつまらないやつだという評判が立つかも知れない。切羽詰まった私に、司会者が聞きます。「さあ、教えて下さい。あなたは過去に何人と経験がありますか？」

あざといやつ

おそらくここで、泣きそうな顔でイヤイヤでもすれば良かったのでしょう。本当のことを言ってしまいそうな自分と、女子アナの自覚とがせめぎあって、切なげに眉《まゆ》をひそめる顔の一つでも撮れれば十分だったのだと思います。

けれど私は、すっかり術にかかったふりをして答えてしまいました。いかにも意識もうろうという下手な演技までして。スタジオには、一気に冷たい空気が流れました。ぱちんと指をならす音で目を開けると、興ざめした様子のスタッフと、他の二人のアナウンサーの困ったような、かすかに優越感を漂わせた作り笑顔が見えました。

失敗した。あざといやつだと思われた。痛々しいと軽蔑《けいべつ》された。でもいったい、どうすればよかったのだろう？　泣きたい気持ちで、なおも演技を続けました。「え、私、何を言ったんですか？」司会者は仕方なさそうに「アレー、覚えてないの？　すごいことと言ってたよ」などと驚いてくれます。私は慌《あわ》てふためくふりをしながら、自分がこの場の厄介者だということをひしひしと感じていました。せっかく盛り上がっていたのに台無しにしやがって。勘違いしやがって。目立とうとしやがって。さっきまでちやほやしてくれていた人びとの、一転して冷ややかな視線に深く傷つきながら、現場をあとにしました。

数日後、廊下で知り合いのディレクターがにやにやしながら近づいてきました。「いやー、方言の彼女、面白かったんだってねえ。大評判だよ。……小島は、催眠術にかかったんだって？」こちらの反応を窺《うかが》う表情だけで十分でした。何か決定的なミスをしたことは分かったけれど、どうすれば良かったのかは分からない。ただただテレビの下品さを呪《のろ》い、心ないスタッフを呪い、何よりも、みっともない自分を呪いました。

辛《つら》くなると、仕事帰りに袋一杯の食べ物を買い込んでは、一人の部屋で夢中になって食べました。その間だけは嫌なことを忘れられるからです。ずっと、自分が嫌いだった。それがあんまり苦しくて、なんとか好きになろうと思ったのに。他人が賞賛してくれる自分なら好きになれるかもしれないと思って人前に出る仕事に就いたのに。でも結局、他人にも自分にもますます嫌われただけだった。

埋めたいのは胃袋ではないのですから、いくら食べても満たされません。味覚の刺激だけを求めて、それ以上食べられなくなるまで詰め込むと、また胃を空っぽにして、食べ物と一緒に何かを吐き出したような気になっていました。

ある日も、夜中に寂しくてコンビニ袋三つ分の食料を全て詰め込み、肋骨《ろっこつ》よりもせり出すほど膨れた胃袋を空にしようと狭いユニットバスの浴槽にゴミ袋を二重にして広げ、のどに指を入れましたが、吐けませんでした。食べ物を詰め込みすぎたせいか石が詰まったように胃が重く、吐きやすくしようと水を飲むとさらに膨れて、動悸《どうき》が激しくなり、呼吸が出来なくなってきました。このままでは死ぬ。やむを得ず１１９番を押しました。「姉が食べ物を詰め込みすぎて、吐けなくて苦しんでいます」どうして「私が」と言えなかったのだろう。

遠くから救急車のサイレンが聞こえて来たとき、急に吐き気を催して、全てを袋の中に戻していました。胃が裏返るような痛みと、食道を逆流する胃液の刺激にむせながら吐き終わると、心底安堵《あんど》しました。助かった、死なずに済んだ。すぐに１１９番に電話をして「今、救急車がこっちに来てくれているみたいなんですけど、お姉ちゃん、吐けたんでもう大丈夫です。すみませんでした」と謝りました。私が、と言っても同じことなのに。

サイレンが止まったのを確認したころには、いつもの通り薬を飲んだような眠気に襲われて、コンビニの袋も吐瀉物《としゃぶつ》の詰まったゴミ袋もそのままで、ベッドに倒れ込みました。また明日、ピカピカに掃除するんだ。

毎朝、今日こそ新しい人生を始められるように、今日はもう、食べ吐きしない真人間になろうと決心して、美しく整った部屋を出て仕事に行くのです。うまくいったことなんて一度もないけれど、毎回、今日こそはと強く強く思う。その思いの強さの分だけ、食べてしまった自分には罰を与えました。

もっと醜く、浅ましく、惨《みじ》めなやつになればいい。求められる女子アナにも、母が望むような成功者にもなれないのは、全部あたしが根性曲がりで不細工なせいだから。テレビでは化粧して笑っているけれど、夜中は汚物まみれの過食女なのだから。

その時私を襲う惨めな気持ちの中にはいつも、ざまあみろという冷笑が含まれていました。ざまあみろ、身の程知らずの目立ちたがり屋めが。ざまあみろ、うんと惨めになればいい。どうしてそんなに自分を苛《いじ》めたかったのか、自分の中の何を殺そうとしてそんなに毒づいたのか。

私は自分の向上心を憎んでいました。もっと分かりやすい成功をおさめなければ。もっと他人が羨む立場を手に入れなければ。もっともっととせき立てる声が止《や》むことはありません。実家に帰ると、母が「あなたはいつ花が咲くの」と尋ねます。その度に体中の血が沸き返るような感情と、自分をあざ笑う暗い焔《ほのお》とが胸に立ち上りました。母の干渉を毛嫌いしながら、それに深く囚《とら》われていたのです。

すっかり引っ張りだこになった同期のアナウンサーの出演する番組を見ながら、こんなことはなんでもない、と思おうとしました。私は軽薄なテレビの軽薄なお客になんか、ちっとも好かれたくない。私の価値を分かってくれる人がきっとどこかにいる。その、本物の目を持った人たちのいる場所こそが、価値ある世界なのだと。

安全な世界の失われたこの時代に、どうしてこんな考えなしの人たちが他人の脳みそに土足で踏み入っているのだろう。見るってことは食べるってことと同じだ。慎重に選んで取り入れているつもりでも、いつの間にかそれが自分の一部となってものの見方を変えてしまう。だから、人にものを見せるってことをもっと厳粛に考えなくちゃいけない。思いもよらない影響を与えることだってあるかも知れないと用心してあたるべきなのだ。……私は正義感でいっぱいでした。自分が女子アナという商品として重用されないことに苛《いら》立《だ》つ気持ちを、テレビの在り方への義憤にすり替えていたのです。

朝の情報番組の中継の仕事を任されたとき、これでディレクターと一緒に番組が作れると期待しました。生放送のたった数分の中継をどうやったら面白く見せられるか、あるときはまじめなテーマで、あるときはばかばかしい話題で、何度もリハーサルを繰り返しながら、こうしたら分かりやすいのではないか、この言い方だと印象に残るのではないかと工夫をするのは、確かにやりがいのあることでした。

「どうでもいいんだよ」

ある日、中継後の移動車の中で反省会をしていた私とディレクターと男性リポーターとで、その日の放送の出来について見解が分かれました。そこで自分の考えを説明しようと思った私に、ディレクターは一言「お前が放送をなんだと思っているかなんて、どうでもいいんだよ」と言うと、男性リポーターと具体的な改善点について話し始めました。

その通りでした。アナウンサーは伝達係、文字を読み上げる生身の拡声器です。アナウンサーには、自分が言葉にする文章が間違っていないか、順番が分かりにくくないかを検討し、ディレクターがどのような指示を出そうとしているかを察知するためにのみ、頭脳が求められるのでした。伝達する役が自分の考えを口にし始めたら、現場は混乱するだけです。書いてあることを正確に。言われたことに従順に。思いつきで喋っていいのは、場を和ませる他愛もないことだけ。自分の信念とか見解とか、ましてメッセージなんて、放送に乗せるべきではない。勘違いも甚《はなは》だしい。ほんとうに、その通りなのでした。

放送は、体裁を整えることが最優先事項です。放送事故ではないがミスがあったときに「不体裁」という呼び方で処理するので明らかなように、段取り通りに破綻《はたん》なく映像が流れ、会話が展開し、そこに意味のある何かがあるかのように見せることが最重要視されます。どんなに面白い話でも映像の体裁が整わない内容だと、「絵にならない」と却下されます。反対に、無内容でも目を引く映像があれば番組は成立します。よくニュース番組で記者とキャスターがやりとりする映像が流れますが、言うことが決まっているなら、記者の一人しゃべりでいいのです。それなのに敢《あ》えてキャスターとの掛け合い映像にするのは、そこにあたかも自然な緊張関係があるかのように見せるための演出です。一言一句原稿になっているやりとりで必要とされるのは記者の取材力でもなく、キャスターの鋭い視点でもなく、棒読みにならない演技力なのです。キャスターごっこの三文芝居を演じながら、虚《むな》しい気持ちになった経験は私にもあります。

形だけのやりとりをしてでも、そこにジャーナリズムっぽい何かがあると視聴者が感じる映像を作る。何がジャーナリズムかは絵にならないので、問う必要はありません。ましてアナウンサーに求められるのは、その放送局の報道がいかに正確で信頼に足るかを証明するための、正しい発音と流暢《りゅうちょう》な読み下しと知的な佇《たたず》まいの技術であって、ジャーナリスティックな視点ではないのです。

そのことを身にしみて分かっているからこそ、局アナたちの記者に対する憧れと屈折には根深いものがあります。記者としてときに取材に出ることのあるアナウンサーはことさらに自分が記者扱いであることを強調し、長年ニュースを読んでいるアナウンサーは、ジャーナリストを自称することとすらあります。

しかし、未《いま》だ公《おおやけ》になっていない出来事を掘り起こし、追及し、慎重に取材を重ねている記者たちとは違うのです。その記者たちだって、人事異動があれば明日には営業マンになるかも知れないのですから、サラリーマン記者の限界はあるのですが。文字になっているものをそれらしく読むことでしか報道に関わってはいないことを知っているのに、音声のプロであることを素直に誇れない局アナたちの高すぎる自尊心は、似非《えせ》ジャーナリストを気取って、俗物であることを図らずも露呈してしまうのでした。

アナウンサーに憧れて学生時代から放送研究会でまねごとをし、予備校に通い、ようやく試験に受かったというのに、局アナは「アナウンサーらしくない」と言われることに憧れます。ただの局アナではない、何か特別な才能を持った人物なのだと言われたくて仕方がないのです。ではなぜ、初めから才能で勝負をしなかったかと言うと、有名企業に入りたいから、給料が高いから、何かあれば会社が守ってくれるから、田舎の両親が安心するからなどなど、決して履歴書の志望動機の欄には書かないような理由があるものです。

局アナになる人には教師志望だった人が少なくないことからも分かるように、平たく言えば先生に可愛《かわい》がられる優等生か、みんなのお手本になりたいという気持ちが強いのです。その上、人気者にもなれるのだとしたら、いいことばっかりの仕事と思うのも無理はありません。

私の場合は、まさにそのいいとこ取りの発想と、一部上場企業に就職する以外の選択を考えたことがなかったからというのが理由でした。それが家族の常識でしたし、タレントなんて胡散臭《うさんくさ》い仕事だと思っていました。入社したときには、15年後に自分がタレントになっているなんて想像もしませんでした。会社を辞めるのは道を外れることだと思っていたからです。

局アナの心中ではまさにそうした、タレントに対する優越感と憧れとがないまぜになっています。なんの後ろ盾ももたない人たちと、言わば血統書付きの自分たちとは違うのだというかにも4大卒の会社員らしい自負を抱きつつ、企業の肩書きがないと画面に出られない自分たちは画面の中では所詮《しょせん》おみそで、本人の魅力で知名度を獲得している人たちには敵《かな》わないという引け目も感じています。

自分はタレントと対等に個性を発揮しているのだから、並みの局アナではないのだとしきりにいいたがるアナウンサーがいるのも、そうした劣等感の表れです。これは局アナ同士、あるいは社員同士で一目置かれるには威力を発揮する物言いですが、タレントにしてみれば、立場が違うと思っているので局アナは局アナという特別な人びとにしか見えません。

表現者と自称してみたり、職人と言ってみたり、局アナは自分がただの読み手であることをなかなか認められません。スポーツ実況のアナウンス技術は確かに職人芸ですが、私はそれ以外の仕事を表現とも職人芸とも思ったことはありませんでした。それっぽく器用にやるというのと、その人にしかできないことを、やらずにはいられない衝動に突き動かされてやるのとは違いますし、全くの無名性のうちにも誇りを見出《みいだ》す仕事とも違うと思ったからです。自分たちは際立《きわだ》って才能あふれる人種なのだという自意識が、あくまでも「会社員の中では」という制約を受ける限り、全ては〝ごっこ〟に過ぎないと醒めた気持ちでいました。

会社を辞めてみると、現場で一緒になる局アナはみんな聡明《そうめい》で、育ちのいい人びとに見えます。会社のブランドイメージを背負っているので、独特の奥ゆかしさを感じるのです。こちらも、相手はテレビ局の人ですから大切にしますし、好き勝手やっている自分とは違う世界の人たちだな、と一線を引いてしまう。こんなに距離のある関係だったのに、局アナの側ではいかに自分がタレント寄りで局アナらしくないかを競い合うようなことをしていたなんて、今になってみると、どうして自分たちの恵まれた立場に気がつかなかったのだろうと不思議な気がします。

むしろ恵まれていることを知っているからこそ、自分は立場ではなく実力で評価されているのだと思いたかったのかもしれません。それも恵まれているからこそ言える贅沢《ぜいたく》なのだということには、気づいていなかったのです。

特殊な仕事だと思われがちな局アナですが、実は世の中のいろいろな矛盾の寄せ集めでもあります。前線に立ちたいが、守られたい。有名になりたいが、恥をかきたくない。特別でありたいが、異端とは呼ばれたくない。人気者になりたいが、出たがりと呼ばれたくない。俗物だが、尊敬されたい。会社員であり出演者でもあるという二面性が一見これらの矛盾を上手《うま》い具合に収めてくれるように思えますが、決してそれらの欲望から自由になれるわけではありません。

自分の意見があっても言うことは許されない。虚《うつ》ろな形の中に何かがあるふりをしなくてはならない。努力しているのに評価されない。傷ついて悩んでいるのに、いい気なものだと言われる。誰にもそのような経験はあるでしょう。自分には何か才能があるのではないかと密《ひそ》かに思いながらも、与えられた役割に徹することも。

商品化された女と規格化された男が演じる局アナという仕事は、誰もが見られることから自由にはなれない世の中を映し出す、鏡のような存在なのです。人はその作られた笑顔の中に不自由な自分を見つけるでしょう。あるいはあるべき自分を。見られる人間は、いつの世も形代《かたしろ》なのです。


全部、キャラ？


私はテレビやラジオに出る仕事もしているのですが、書く仕事も少なからずあり、いくつか雑誌に連載をしています。

本も数冊出していますが、エッセイ集を除き、いまのところ殆《ほとん》どはインタビューしてもらったものをライターさんに構成してもらい、本にしたものです。まえがきとあとがき以外は、人に文字にしてもらったものですから、正確には自著ではありません。ライターさんにはほんとうに感謝しています。自分で書いたものだろうと人にまとめてもらったものだろうと、頭の中身が本になって人様の手に渡るのは有り難いことです。

それ以外の連載や、エッセイの寄稿、書評などは自分で書いています。休日や夜、のろのろと時間をかけて書くのですが、結局一睡もしないでテレビに出ることもよくあります。クマとやつれで酷《ひど》い顔でも、メイクさんがなんとかしてくれる。それでもアップになれば老いは隠せませんが、誰だって老いるのですから、まあ仕方がないかと思っています。

ときどき「ほんとうに自分で書いているのですか」と尋ねる人がいます。時間がなくて書けないだろうと言う人もいれば、テレビに出たがる女が文章を書くはずないじゃないかという顔をする人もいるのが興味深い。文字は映像よりも高級だと思うから、そう言うのでしょうか。そういう人はちょっと意地悪な顔をしているものですから、自分で書いていると答えると不満そうにするのが面白くて、ついざまあみろという気持ちになります。どっちもどっちですね。

反対に、「テレビではキツいキャラクターを演じなくてはならなくて大変ですね」と気の毒がってくれる人もいます。あれはテレビ局の言うことをきいて、与えられた役割を演じているのでしょう？　全部、キャラですよね、と。

文章を書くと本当は書いていないだろうと言われ、テレビに映れば安い芝居だと言われる。どの道不正直な女だと思われているようなのですが、実際さほど真正直に生きているわけでもないので仕方がありません。ただ、今まで一度も「これこれこういうキャラでお願いします」と言われたことはなく、「この方向で」と言われても聞き流しているので、残念ながらテレビでのキツいキャラクターというのは、私の生来の気性の荒さと我の強さのあらわれと言うしかありません。

それにしても、なぜ人は見たものをニセモノだと思いたがるのかを不思議に思います。出来れば信じられる世界に生まれて幸せに生きたいと願うのが人情でしょうから、わざわざ自分の見たものを「きっと嘘《うそ》だろう」と疑ってかかるなんて、面倒なことです。

たしかに私も人気者の「自然体でここまできました」はつい疑ってしまうし、苦労人の「人が喜んでくれればそれでいい」にはいい話だと感動します。でもきっと、人気者だってそれほど計算高くなく、苦労人だって意地悪の一つも言うことはあるはずなのです。

ただ、そうやっていちいち見方を保留すると、自分の頭の中でどこにその人物を片付けたらいいのかがハッキリしません。正誤、正邪がハッキリしないと、どこに悪者が潜んでいるか、いつ偽物《にせもの》を摑《つか》まされるか分からない荒れ野を生きなくてはなりません。見かけ上はきちんと区画整理のされた世界に暮らす方が安心ですし、自分はかろうじて正の側にいると確認しておけば落ち着きます。

なるほど、人は見たものを端《はな》から疑ってかかりたいのではなく、疑うものと信じるものを自分で決めたいだけなのだと気がついてからは、ニセモノと言われようと、ホンモノと言われようと、私の落ち度でも手柄でもないというふうに考えるようになりました。不快に思ったり喜んだりすることはあっても、自分の評価だと思わなくていいのは多少気が楽です。

興味深いのは、なぜその人が私にニセモノであって欲しい、あるいはホンモノであって欲しいと思うのかです。私に人にそう思わせる欺瞞《ぎまん》や美点があるというよりも、相手にとって私がたまたま世界の均衡を保つために必要な疑いや信念を投影しやすい対象であったということなのでしょう。

そう考えると、相手の守りたい世界が見えてきます。すると場合によっては、私を悪く言う人に共感してしまうことがある。不快なのに、そう言いたい気持ちは分からないでもない。共感するから、余計に悪意がよく分かるのです。もちろん、ほんとは八つ当たりの真意なんて分かってあげる必要はないんですが。

かつて私は放送局のアナウンサーでしたが、どうも周囲の人や視聴者には、アナウンサーにはまじめで正確であって欲しいという要求と、しかし若い女性アナウンサーには性悪で浅薄であって欲しいという願望とがあったように思います。あくまでも私にはそう感じられた、ということですが。


先日、あるテレビ番組で「女子アナ」の印象を街頭インタビューで若い女性たちに聞いていたのですが、非常に厳しい内容でした。ひとことで言うと、あざとい女が勘違いして調子に乗っているというもの。会社員のくせにタレント気取りとか、玉の輿《こし》狙《ねら》いとか。あえて同じようなコメントを集めたのでしょうが、そういう女が嫌われるのは分かるとしても、女子アナをそのように見たいという気持ちの底には、一体何があるのでしょう。テレビに出ていようがいまいが、どっちにしろ女は怖いという思いを新たにしたのでした。あるいはその欲望を形にするテレビは怖いと言うべきか。

実際、若い女性アナウンサーにとって「まじめで正確であれ」という要求に応《こた》えつつ「性悪で浅薄に違いない」という偏見をかわすのは難しいことです。ベテランに比べれば技術は未熟だし、採用に容姿が重視されるのも事実ですから、若さと見た目だけの目立ちたがり屋と言われれば否定は出来ません。

つまり若い女子アナがニュースを読むというのは、もっともうまくいった場合でも、まじめで正確でありながらも性悪で浅薄であることを期待されているという状態であり、まじめととらえる方が番組が見やすいのか、性悪と思う方が面白いかで見方は変わるのであり、どっちの人が多いかによってその女子アナの評価のされ方はいかようにも変わるということです。

まじめにやっても上っ面だと言われる。もの知らずを露呈すると可愛いと言われたりもする。では、と可愛げのある感じにすると計算高いと言われる。ちょうどいいところに収めるのは難しい。優等生タイプが多いのでみんなそれに大いに悩むのですが、しかし優等生と欲深さとは両立するので、計算高いというのが実際いわれのない偏見とも言えないのがまたややこしいところです。

仕事というものは、成果を上げるべくしたたかに行動し、競い合うものですから、計算高かろうが欲深かろうがなんら後ろめたく思う必要はないのですが、若いと、そういうものが邪《よこしま》だと言われるとどうもひるんでしまう。そうしてモヤモヤしているうちに、全部自分が悪いんだと負のスパイラルに陥って、仕事が怖くなってしまうこともあります。

画面に澄まし顔で映っている若い女子アナたちも、多かれ少なかれそのような葛藤《かっとう》を経験しているのだと思えば、茶の間の女たちの眼差《まなざ》しも若干和らぐのではないかと思いますが、テレビは出演者を思いやるために見るものではなく、自分が見たいように見るものですから、そんな義理はないと言われればその通りです。

立場次第で売り出し方が変わるということは女子アナに限らず、女社会にはままあることで、若さ至上主義だった女がさすがに限界を思い知ると、知性重視派や母性重視派に宗旨替えをすることがあります。子どものいる女を所帯臭いと馬鹿《ばか》にしていた女が、自分が母親になった途端に子供のいない女を軽んじたりするのを見ると、いやなものです。いつも自分の居場所が一番幸せなのだと喧伝《けんでん》しないではいられないようにも見えます。

働くか働かないか、結婚するかしないか、子どもを産むか産まないか、仕事をやめるか続けるか……女の前にはいくつにも枝分かれした道があります。どの選択も出来ますよ、と差し出された中から自分が選んだ道が、あるいは選ばざるを得なかった道が、他より正しかったと誰かに証明してもらうことは出来ません。

選び取るということは、選ばなかった選択肢の数だけ損をしているような気にもなるものです。自分の選択が失敗だったとは絶対に言いたくない。だから、違う選択をした女を否定したくなるのです。私が選ばなかった道は、価値のない道だ。私の選んだ道こそが、正解なのだと。

私は20代の終わりに結婚し、30歳で一人目を出産したのですが、この先仕事を続けていけるだろうかという不安もある一方で、子どもがいる女性の働き方が注目される時代に巡りあわせたのは幸運だったかもしれません。00年代は、子どもを産みながら仕事を続ける局アナがたくさん登場して、ママアナという小さな新ジャンルが出来た時代。彼女たちが会社員女性の一つのロールモデルとしてメディアに取り上げられたのは、活躍できる期間が短いと思われがちな女性アナウンサーのイメージを多少変えたかもしれません。

若いか若くないか、知性派か愛され系か、キャリア重視か幸せママか。女は棲《す》み分けが厳しい。棲み分けが細分化して名前が付けられているのは、他の女と差別化して自分の価値を確かめたいという女の願望が商品化された結果であり、それは女を息苦しくさせていると同時に、今いる場所で価値を失ったら他の価値グループに移ればいいという保険にもなっています。

恋多き女では話題にならなくなったら、幸せな妻グループを目指す。そこで頭一つ出るために、今度は幸せなママを体現。子育て話が飽きられたら、老《ふ》けない女を自称する。特別な女でいるためには、次々と価値観を取り替えながらイメージを更新すればいいのです。何も諦《あきら》めない、何もかも手に入れる私でい続けるために。けれどやがて限界が来ます。自分を変えて幸せを主張することが難しくなったときに、他人を貶《おとし》めて溜飲《りゅういん》を下げるようになるのでしょう。あるいは子どもに憑依《ひょうい》して、人生を更新し続けるのか。

先日、あるテレビ番組が「働くなら子どもを産むな」という専業主婦の意見を特集しました。働く母親は育児を人任せにしている、仕事を続けたいなんてわがままだ、働かないと食べられないくらいなら産むな、と。一部の極端な意見とは言え、子どもは家で育てるべき、という主張の背景には子育てに専念することを喜びとするというよりも、自分は子育てという苦行に耐えているのに、その苦行を免れる女がいるのは許せない、という心理が窺えました。そんな極論を言わずにいられないほど、日本は子育てに冷たい国なのです。

「母性があれば辛くないはずだ。母性があれば子どもは育つ。もしも子育てが辛いなら、それはお前が人の心を持たない冷たい女だからだ」と母性万能の呪いで女の逃げ場を塞《ふさ》ぎ、社会的支援を怠って来た結果、母親たちの断絶が起きている。それで誰が幸せになるのか、誰の得になるのだろうかと思います。本当はお互いに労《いたわ》り合って繋《つな》がることも出来るのに。

専業主婦か働く母親か

どんなに愛情があっても、子育ては重労働です。話の通じない未熟な人と一緒に暮らすことは、何ものにもかえがたい喜びと、行き場のない苛立ちとを交互に味わうこと。それが人にどれほどの負荷をかけるのか、まじめに子育てに取り組んだ人なら誰でも経験はあると思います。

子育てをしていると、こんなに辛いなんて、私が酷い人間だからだろうか、私の子育てが間違っているからだろうかと、不安になることがあります。それを分かち合う人がないと、他の母親を否定することでしか不安をなだめる方法がなくなる。家でずっと育てている私はちゃんとやっている。保育園に預ける手抜き育児とは違う。働く私は頑張っている。世間知らずの女とは違う。……どちらも子どもではなく、子育てする自分を認めることで精一杯。私にも経験があります。

お互いに違う、違うと言い募って、自分こそが正しい、お前は正しくないと詰《なじ》るのは不毛この上ない。人間関係のこじれの殆どはこの、立場の違いを認めない狭隘《きょうあい》さが原因です。専業主婦か働く母親かという議論も、まさにそんな非難の応酬のように聞こえてなりません。どちらが幸せか、どちらが立派か、どちらが大変か。もう、疲れた。そんなこと決めなくていい。子どもが求めているのは正しさではなくて、あなたがいてくれて嬉しいっていう抱擁なのに。

アベノミクスの3本の矢の一つ、日本の成長戦略には女性の雇用促進が挙げられています。労働市場で女性の力がもっと活用されるようになることが、日本の将来の成長に繋がる。そのためには、働くお母さんが安心して子育てできる、子どもを産んでもちゃんと仕事に戻れる環境づくりが必要なのです、と。これからは、女性も働き続けるのが当たり前だと言われると、働きたくてもいま仕事に就けない女性や、無職の母親たちはあたかも無用の人材のように扱われた気持ちになるのかも知れない。この先ほんとうに世の中から取り残されるかもしれないという焦りが行き場を失った結果、働く女ばかりが特別扱いされて、という敵意になるのかもしれません。

今は、キャリア志向の女のわがままを許すなという批判だけでなく、生活するための仕事の奪い合いの中でうまく仕事に就いた女が、その上子育てにまで支援を求めるなんて欲張り過ぎだ、という不平等感があるのかもしれません。そうやって女が足を引っぱり合っている限り、子育て女性の労働環境は改善せず、雇用の間口は一向に広がらない。それで一番得をするのは……家事と育児を全部妻に任せっきりのそこそこ稼いでいる男なのかな。「私も働きたい」なんて言い出されたら、俺がゴミ出ししなくちゃならないもんな、なんて。

父のこと

私の父は、いわゆるモーレツサラリーマンでした。海外出張で飛び回り、日曜日は接待ゴルフに行くことも多く、朝早くから夜遅くまで、満員電車に揺られながらよく働いていました。休日には庭仕事をしたり、ドライブに連れて行ってくれたりといい父親でもありましたが、日常的に親密な会話というのはあまり機会がなく、私が思春期を迎えてからはどうしても居心地の悪い、ぎこちない会話になってしまうことが多くなりました。父の給料は右肩上がりだったようで郊外に一戸建ても建ち、娘たちは大学まで出してもらえたわけですが、私にはどうしても許せないことがありました。

用意された食事を食べながら、箸《はし》で湯呑《ゆの》みを突くように指して母にお茶のお替わりを促すことがあるのです。まるで食堂のおばちゃんに横柄《おうへい》な態度で接する男のように。その度に私は「お茶を下さい、と言え。帰って来たら自動的に食事とパジャマが出てくると思うなよ」と腹を立てていました。言葉にして言ったこともあります。

父は、母と喧嘩《けんか》の絶えない私によく言ったものです。慶子、あんまりママを苛めないでよ。慶子のママじゃなくて、パパのママなんだから。つまり、所有者は自分なのだから大事にしろというのです。その度に、母に歯向かって傷つけたことを棚に上げて、私は激しく父を嫌悪《けんお》しました。誰も、誰かを所有することなんて出来ない。なんと嫌らしい、身勝手な理屈なのだろう。私を自分の延長だと思っている母を拒絶するのと同時に、母を自分の持ち物だと思っている父のことも私は絶対に許せないと思いました。

父は気の弱い人で、幼い私が不満げにしているだけで「なんだその目は!」と怒鳴りながら追いかけてくることがありました。実際に手を上げたのは、まだ幼稚園に通っていた頃に箸の持ちかたが悪かったので手をはたかれた一回きりでしたが、怒鳴るときの父は、いつも怯《おび》えたような怖い顔をしていました。人にバカにされるのが怖いという点で、父と母はよく似ていました。母は傷つくのを恐れて現実を遮断し、父は恫喝《どうかつ》することで弱さを隠していたのかもしれません。

大学4年生の時、すでに就職が内定していた私はマスコミと学生の有志で作ったHIV感染者差別の反対運動に参加していました。友達に誘われたので気軽に手伝っていたのですが、その話を父にすると「内定を取り消されるから、やめろ」と言います。そんなことないよ、テレビ局や新聞社の人もたくさん参加しているし、学生もみんなまじめだし、何がいけないの？と説明しましたが、やはり父もHIV感染者と娘が関わることに偏見を持っていたのでした。

その頃、父は関連会社に出向していました。思うように出世できなかったことで苛立っていたのかもしれません。私はそこに狙いを定めて反論しました。自分が正しいと思ったことや共感することを勇気をもって実行することの何が悪いの？　そういう勇気がなかったから、パパは出世できなかったのよ。

母と私の喧嘩にも向き合おうとせず、ただ自分の見たい家族だけを見ようとした父の狡《ずる》さにも積年の思いがありました。あなたは、自分の都合のいいものしか見ようとしていないじゃないか。見たくないものと向き合う勇気がないだけのくせに、いい人ぶって。

父の顔が、あの怯えたような恐ろしい形相になったかと思うと、咆哮《ほうこう》が聞こえました。怒鳴りながら、父は私を何回も往復で平手打ちしました。腕力を使い慣れていない男の、全く力加減をしない平手打ちです。私は父を突き飛ばし、渾身《こんしん》の力で蹴《け》り倒し、起き上がってなおも私を殴りつける父に「暴力で人の心が変えられると思うなら、気がすむまでぶてばいい。私は絶対に変わらない」と叫びました。

止めに入った母が二人を引き離すと、父は和室に入って引き戸を閉めました。気持ちがおさまらない私はなおも引き戸の向こうの父に「ぶちたいだけぶてばいいでしょう」と叫びました。「なら、ぶってやるよ」追い詰められた犬のような引きつった顔で出てきた父は、それからなおも私を殴りつけました。

全部で何十回叩《たた》かれたのでしょう。両耳がじんじんと鳴って、次第に痛みが強くなりました。受診した結果、鼓膜《こまく》が破れていることが分かりました。高校生の頃、姉に平手打ちされて鼓膜が破れたこともあったので驚きはしませんでしたが、アナウンサーに内定している娘を、いくら腹が立ったからと言って鼓膜が破れるまでぶっ叩く父の大人げなさ、怒りをコントロールすることもできず、コンプレックスと向き合う鍛錬をすることもなく年を取ったみっともなさに深い憎悪《ぞうお》と侮蔑を覚えました。

しかしその翌日にあった英検準1級の面接テストで、「私は昨日これこれこういうわけで父に何十回もぶたれたもので耳がよく聞こえない、だから聞き取れないこともあるかも知れないので、少し大きな声で喋ってくれないか」と話すと、それで必要なことを訴える力は充分だと判断されたのか、殆ど質問もないまま終了して合格したのは幸いと言うべきかもしれません。

後になって思えば、60代になって、軽い脳梗塞《のうこうそく》の発作を起こして治療を受けてからの父は、それまでになく暴力的になったようです。以前ほど言葉が明瞭《めいりょう》に喋れなくなったり、苛立つことが多くて、父なりに苦しんでいたのだと思います。高齢になってから父は穏やかになりましたが、このことはずいぶん長い間、私にとって大きな傷となり、怒りの火種が長い間くすぶり続けていました。

人が自分の弱さやみっともなさに向き合わないことに対して私が寛容になれないのは生来の性分だとは思いますが、この一件によってよりその性質が強化されることになったのではないかと思います。しかしそれらに向き合うことは、その人を楽にするのです。その人を自由にするのです。父がもし内省を重ねて弱い自分を引き受ける勇気をもっていたら、彼にとっての世界はもっと親密なものになったのではないかと、全くのお節介ではありますがそう思います。

きっといつか父の柩《ひつぎ》の蓋《ふた》を閉じるとき、私はこの人のことを何も知らなかったと思うのだと思います。母についてもきっと、同じだろうと思います。彼らが何に怯え何に苦しんだのか、何を期待し何に傷ついたのか、私にはきっと分からずじまいでしょう。

親孝行な娘だったとか、私はこの人を幸せにしたとか、満足して親の棺の蓋を閉じることはきっとできない。一緒にいた時間を、共に懸命に生きたということは出来るかも知れないけれど、それがすなわち相手にとっての幸福であった、理解を深める関係であったとは言えないでしょう。自立するというのは、それを引き受けることなのかも知れないとも思います。

「いつまでいる気?」

放送局は、とてもマッチョな世界です。男性社会の中で、男性の視点を内面化した女性しか適応することが出来ません。たとえそれを嫌悪しながらでも、男性の視点でどのように見えるかを計算した上で立ち回らなければ、物事をうまく進めることが出来ないのです。

私もそのように、女子アナを見る男の視点を内面化して、自分と自分の仕事を眺めていました。それは自分を突き放して商品化するのには好都合でしたが、うまくいってもいかなくてもどの道自分を誇らしく思うことも好きになることも出来ないのですから、皮肉なことでした。

現場の第一線で活躍している女性の中には、男性以上に女性差別的な人もいました。社員同士ではもちろん、美容室で、他局の女性社員とおぼしき女性が私を見るなり、担当美容師に向かって聞こえよがしにこう言ったこともあります。「最近は使えない女子アナばっかり入ってきて嫌になるわ。みんな頭悪いし、勘違いしているし、人事もちゃんと使える子を入れてくれなきゃ、こちとら女子アナなんて商売道具なんだからさあ、困るわよね」

なるほど、女子アナは私にとっては道具に過ぎないと主張したいのか。それはそうだろうと思いました。しかしそう大声で言わずにいられないあの女よりも、それもそうだろうよと考えられる私の方が上等であろう。とは言えこのままでは気分が悪いので、あの女の薄いグレーのスエードのブランドもののブーツが、どうか帰りに犬のうんこを踏みますようにと、深く深く呪ったのでした。

労働組合で9年ほど執行委員および副委員長を務めた私は、社内の福利厚生制度の改善や、育児介護休暇制度の充実に地道に取り組んでいました。何しろ女性が少数派の職場ですから、育児と仕事の両立がどれほど大変かなんて関心のある人はうんと少ないところからのスタートでした。やがて時代がだんだん男女共同参画社会の実現を目指し始めたので助かりましたが、それでもなかなか大変でした。

働く女性が子育てしやすい環境づくりは、働く男性にとっても、子育てや介護がしやすい環境が整備されることですから、それで助かる人も大勢いるのです。けれど家事も育児も介護も誰かがやってくれると思っている男は、女だけの問題だと思っている。

そういえば、私が最初の子どもを産んで9ヶ月で職場復帰したときに、同世代の男性に「復帰したって仕事なんかないかも知れないのに、いつまで会社にいる気なんですか」と言われたことがあります。たいそう愛想のいい人だという評判の彼でしたが、周りに誰もいないときに面と向かってそう私に尋ねた瞳《ひとみ》の暗さは忘れられません。なぜ、こんなことをわざわざ言うのだろう。

女は欲張りだ、と言いたかったのかも知れない。結婚して子どもを産んだら引っ込めよ。どうせ女なんて若さぐらいしか売りがないんだから。若いうちは女子アナだなんだってもて囃されていい気になっているけれど、年を食ったら会社の不良債権じゃないか。男は実力勝負なんだから、女は賞味期限が切れたら引っ込め。

そう言いたい気持ちも分かります。実際、なんの経験も実績もないど素人《しろうと》のうちから、新人女子アナだ若手アナだと引っ張りだこで、普通の会社員なら考えられないようなポジションを与えられるのですから。ちょっと見てくれのいい女だからって、ひいきされて調子に乗りやがって。先輩にこき使われて下働きをしながら、画面に映る若手女子アナたちを意地悪く眺めていた他部署の社員もいたでしょう。

女の価値は若さだけ。子持ちなんて、誰がわざわざ見たいんだよ。そういう男性は少なくない。彼らにとっての結婚はきっと、母親に代わって自分を世話してくれる女、つまりセックスできるママを確保することなのだと思います。女はどの道、男と子どもの世話係でしかないのでしょう。

では、もしあなたがシングルファーザーになったら？　奥さんが病気になったら？　何の制度も整っていなくて、生活していけるのかしら。これは女だけの問題じゃないんだよ。そういうことを一切考えもせず、子育ては女の仕事と決めているから、産んだら引っ込めなんて言えるんだね……そう言ってやればよかった。どうせ鼻で笑っただろうけど。当時は同世代にあんなことを言う男がいることに驚きましたが、今や若い世代の「女は家に」派が増えたというのですから、彼は時代の先端を行っていたと言うべきか。

「たとえ世界中の女があなたを好きだと言っても、私だけは絶対に好きにならない」

というのが彼への私の答えでした。今頃は、結婚して父親になっているのでしょうか。職場では要領よくイクメンを演じているのかもしれません。

イクメンという言葉、ついに「今どきの知的でおしゃれなよき夫」みたいな響きを持つようになってきました。でも一部には、何をいまさらイクメンだよと苦笑する父親たちもいます。そう、そんな言葉が出来るずっと前から、当然のように家事や育児をしているお父さんはいました。まあでも、イクメン気取りだろうがごっこだろうが、何もしない父親よりはずっといいですね。

男性が、俺って料理も子どもの世話もするんだよ！と言うと、素敵だね、進んでる！と賞賛される。では女性が、私って料理も子どもの世話もしているのよ、と言ったら？

俺って子どもがいるけど働いているんだよね、と言う男性をあなたはどう思う？当たり前だよ！と思うかも。では、私は子どもがいるけど働いているの、と言う女性を見ると？　頑張ってるね、とねぎらいますか？　心中密かに、わがままだな……なんて思いながら。

家事や育児と仕事を両立するために働き方を工夫していても、男と女では全然評価が違う。子どもと関わる時期や関わり方は性別や家庭の事情で違うかも知れない。けれど、収入を得るための労働も、家事や育児も、夫婦のどちらかが片務的に担《にな》うより、互いに臨機応変に働き方を変えながら生活を維持する方が効率がいいと考える人が増えて来たのも確かです。もしもあなたたち夫婦がそう思わないなら、そうしなければいい。でも、よその夫婦がそれを選べるようになるのを否定しなくたっていいと思うのです。

女の仕事も男の育児も、何が正解かを決めるのではなくて、自分にあったやり方で生活できるのがいいという極当たり前のことを言うのが、どうしてこんなに難しいんだろう。あなたと違うやり方の人が認められることは、あなたが否定されることではないのに。

人を貶めるのは、自分だけが損をしているという思い込みからです。女同士でも、男女でも、家族の間柄だって、自分だけが割を食っていると思うと相手が憎くなる。そういう思いをする人が少なくなるように、制度が選択肢をたくさん用意することが世間の空気を変えるんじゃないかなと期待する一方で、もしかして自分は不当に酷い目に遭っていると考える方が、人は安定するのかも知れないとも思う。

そのために、生《い》け贄《にえ》が必要なのかも。人前にのこのこ出てくる輩《やから》に、許せないもののイメージを重ねる。ママタレ許せない、シングルマザーを選ぶ女は身勝手、などとワイドショーを見て罵《ののし》るのです。それはもしかしたら、うまくいかない何もかもが目《め》障《ざわ》りな誰かのせいだと思っていれば、すぐ隣にいるかもしれない本当に自分を追いつめている人の顔を、見ないですむからなのかもしれません。

5章

子を持つこと、そして不安障害

シアワセの象徴

数年前、小学2年生だった長男が「僕は、まだサンタがいるって信じているから」という事実上の大人宣言をしてからも、次男が楽しみにしていることもあり、我が家の毎冬のサンタイベントは続いています。小学1年生の次男はサンタクロースを心待ちにしていますが、あるいはもう半ば存在を疑っているのかもしれません。信じていようがいまいが、サンタクロースが来たというお話を家族で楽しみたいのだろうからそれで構わないと思っています。いまもこの原稿を、リビングでクリスマスツリーを飾り付けながらジングルベルをうろ覚えで合唱する兄弟の声を聞きながら書いています。子どもと暮らしていると、それまで商品化されたシアワセの象徴として広告やドラマで目にしていた風景が、実際に家の中で自然発生することに驚きます。生きているとこういうことがあるんだ。息子たちの繰り返すジングルベルに、自分はまだまだ世界を誤解していると気付かされました。

サンタクロースは子どものご用聞きではない、が私の考えた物語です。サンタが君らにあげたいものを持ってくるのだから、文句も注文もつけるものではありません。そもそも人が何も言わないのにものをくれることなんて滅多にない有り難いことなのだから、商品を指定して頼むなんてことは失礼です。思い通りのものを手に入れたいのなら、貯金するか、両親を本気で口説いて買ってもらう努力をしたまえ。というわけで、長男は4歳でサンタからアンモナイトの化石をもらっています。小学4年生になった今も、彼はクリスマスの夜に予測不能の品物が配達されるという行事を楽しみにしているので、サンタがいようがいまいが、私も当面は一緒に楽しもうと思っています。

この時期にこのような話題を持ち出すと、子どもの幻想を傷つけるなとか、夢を壊すなと言う人がいますが、それは子どもに夢を信じ続けて欲しいという自分の幻想を守る発言であることに気がついていないのは愚かなことです。夢や幻想は、誰かが守ってやるものではなく、その人の心に立ち現れて自然に消えて行くまで、誰も手を触れることが出来ないものです。何かを信じて期待している人を意図的に傷つけ失望させるのは悪意ある行為ですが、子どもが自然に現実と出会う機会を遮断してまでも去年と同じ心でいさせようとするのは、同じ方法でこの先も子どもの人生を思いのままにしようとする親の欲望の表れのような気がしてなりません。

肉でしかない

30歳のとき、好きな人と自分が混ざったらどうなるのか、その実験工場が自分の体内にあるのなら使ってみようと妊娠にチャレンジしました。産婦人科の超音波画像で初めて自分の卵巣《らんそう》と子宮を眺めました。子宮の断面図は二つ折りにした布団《ふとん》のようで、風船のような空洞ではないことをそこで初めて知ったのです。卵子は卵巣からひとつながりの管で子宮に送り込まれるのではなく、月に1度卵巣からぱちんと飛び出た卵子を、子宮から突き出た管の先がひゅっと吸い込むという仕組みです。超音波画像で見るとその「卵子が弾《はじ》き出されて吸い込まれる作業が行われる場」は得体の知れない体腔《たいくう》の闇《やみ》でした。

一つの受精卵から、私が「今日は背骨を作ろう」などと考えもしないのに勝手に精巧な人体が形成されていく不思議。世界一近いところにいる人物が、世界中探しても会えない人であるという矛盾。やがて胎児の性別が判明し、女の私の中に知らない男がいるという事態に、自分とは何であるかという問いを持たずにはいられませんでした。妊婦は自分も他人も女も男も一つ身に宿す生命体です。私の身体《からだ》は完全な宇宙だと思いました。思考とは関係なく進行する妊娠・出産。そこに自我なんて入り込む隙《すき》はありません。意識が自分を何だと思おうが、粛々と身体は変化していくのです。

ただ、自分が肉であることはわかりました。私は、肉でしかない。それはとても気が楽になる発見でした。つっかえつっかえの第二次性徴《せいちょう》以来久しぶりに、しかし遥《はる》かに段取りよく日々形を変える身体を眺めながら、へえ、女の身体ってこういう風に出来ているんだ、と他人事《ひとごと》のようにつくづく感心したのです。

いま私は二人の息子の母親ですが、彼らを分身とは思っていません。見知らぬ他者として私の前に現れた人々だと思っています。息子たちの頬に光る産毛《うぶげ》や、土踏まずのアーチの曲線を見る度に驚き、敬虔《けいけん》な気持ちになります。彼らを抱きしめると、普遍的な価値に触れたような気もちになる。それがなにかはわからないけれど、抱きしめることはいつも、祈りと祝福に似ていると思います。

息子たちは保育園で異年齢の子どもたちと長く一緒に育ったせいか、まだ自分が二つや三つの頃から年下の子どもが好きなようでした。そのときに、どうして幼いころの私にはこのような感情が湧《わ》かなかったのかと不思議に思ったのですが、3歳まで自分と9歳年上の姉以外の子どもとの接触がほぼなかったという生育環境の影響もあるのかもしれません。私が子どもや動物を素直に可愛《かわい》いと思うようになったのは、出産を経験してからのことです。

そういえば子どもを産む前、当時勤めていた会社の上司に「あなたに小さいものへの慈《いつく》しみの気持ちが生まれたらもっとよくなるでしょう」と言われたことがありました。なぜいきなりそんなことを言うのか、腹立たしく思ったのですが悔しかったので、その年のクリスマス、その上司の元に行きつけのクラブから送られて来たポインセチアを引き取って、自分のデスクの上で育てることにしました。

赤い葉が落ちると、会社の天井に取り付けられた蛍光灯の光でも冬だというのに禍々《まがまが》しいほどに濃い緑色の葉が次々と芽吹いては育ち、下の方で黄色く枯れた葉を取り除こうとすると、むしった茎の破れ目から白い液がにじみ出るのがまた憎たらしく、そんな私の敵意を吸ってかポインセチアはますます勢いづいて育ちました。

やがて翌年の秋、再びクリスマスが来るというのに緑の葉を茂り募らせているポインセチアになんとか赤くなる気を起こさせようと箱をかぶせ、いろいろと手を尽くしたのに当然それぐらいの工夫では赤くなるはずもなく、しかし私は件《くだん》の上司に、「あれから1年丹精してこんなに大きく致しました」と当て付けがましく報告したのでした。

残念ながらそのポインセチアは部署が部屋を引っ越す際に行方知れずとなり、これ幸いと私は社内を熱心に探すこともなくうやむやにしたのですが、それからほどなくして初めての子どもを妊娠し、産休に入りました。

産休取得の申請をする際にもその上司は私が小さく弱きものへの慈しみの気持ちを涵養《かんよう》するいい機会だと思ったのか快諾してくれて、結局その後も子どもをもう一人産んで働き続けることを「よかった」と喜んでくれたのでした。まだ当時は産休を取る女性社員を給料泥棒呼ばわりして平気な上司がいる中で、幸運なことでした。

なぜ報われないの

子どもを産んで私が学んだのは、人生は思い通りにならないことが殆《ほとん》どだということでした。

子どもは私が眠くてもお構いなしに乳を欲しがるということから始まって、どれほどこちらが手を尽くしても泣き止《や》まないことも当たり前。何かの行事の前に限って熱を出す、という話はよく聞きますが、そんなのはもちろんのこと、治ったと思ったらまた風邪を引くことの繰り返しで、その度に看護休暇をとる私に「あなたの子は弱い子なのね」とまるで外れくじを引いた人をからかうように言う人もいました。

これほど頑張っているのになぜ報われないのだろうと、声を上げて泣いたことも何度もあります。大人になってからこんなになりふり構わず泣いたり叫んだりして、神様を恨むことがあろうとは思いませんでした。

幼い子どもを世話しながら、ああ、あともう一つ何か悪い条件が重なったらきっと子どもを虐待《ぎゃくたい》してしまう、と何度も暗い淵《ふち》を覗《のぞ》いては戻って来た親は少なくないはずです。乳幼児を育てている人に尋ねると、男性でも女性でもそのような追いつめられた気持ちになったことのある人はいました。「経験のない人に話すと誤解されるからきっとみんな黙っているのだろうけど、真剣に育児していればそんなことは誰でも経験するんじゃないかな」とある男性は言いました。「僕なんか男だから、ほんとに仲間が少なくて、しょうがないからかみさんのママ友の会に参加して気持ちを聞いてもらっているんだ」

いかにも温厚でまじめそうなその人が、泣き止まない我が子を夜通しあやしながら、いつか自分はこの子を床に叩《たた》き付けてしまうのではないかと悩み苦しんでいるさまは想像しがたいことでした。けれど、言葉の通じない乳幼児期の育児はいつもそのような葛藤《かっとう》や孤独と隣り合わせであることを、多くの親が体験的に知っていながら口に出せないでいることを私は次第に知るようになったのです。
苛立《いらだ》つのも、もう限界だと嘆くのも、私一人ではなかった。それは子どもが悪いのでも私が無能だからでもなく、子育てとはそういう時期があるものだというごく当たり前のことだったんだ。
人に弱みを見せてはいけない、育児は母親の技能テストなのだと思い込んでいると、どんどん孤独になって行く。心理的にも空間的にも密室に閉じ込められた育児は人を壊してしまうのだと、戦慄《せんりつ》を覚えました。

「子どもは自然だ」

そのころ、養老孟司《ようろうたけし》さんの『手入れ文化と日本』という講演集を読みました。その中で養老さんは、「子どもは自然だ」と述べています。自然は人間の思い通りにはならない。自然のままの山野に人が少しずつ手を入れてやがて里山の風景が出来上がったように、自然を支配しようとするのではなく、予想外のことが起きるたびに人が手を入れることの地道な繰り返しで、人の暮らしと自然の摂理とが調和する形が時間をかけて出来上がるのだと。

それは私にとって天恵でした。思い通りにしなくてはいけないと思うからしんどいのだと気がついたからです。初めから思うようにはならないと思っていれば、予想外の結果が出ても憤《いきどお》ったり慌《あわ》てないですむ。ただ、目の前で起きたことに対応し、自分に出来る手を打って様子を見ればいいのだという考え方は、子どもへの眼差《まなざ》しを違ったものにしました。子どもは親の作品ではない。手なずけるべき野性ではなく、時間をかけて対話をする相手なのだと知ったのです。

それだけでなく、もしかしたら思うようにならない自分自身に対しても同じような向き合い方でいいのかも知れないと思いました。思い通りに生きられないなら死んだ方がマシと考えることさえあった当時の私にとって、それは一筋の光明でした。

その頃、張り切って手に取った育児雑誌や育児書には、子育てがうまくいって幸せいっぱいの母親たちの体験記や、ああすればこうなるという理想を並べた指南書も少なくありませんでした。書いてある育児と自分の育児はずいぶんと違う。私は落ちこぼれなのではないか？　こんなに育児が辛《つら》いなんて、人間失格なのではないか？　もともと子どもが好きではなかったのに、産んでしまったのが間違いだったのかも知れない。そう思ったこともありました。

子どもを持とうと思ったのは、大好きな人と一緒にいるうちに混ざりたくなった、というのが率直な動機です。そして、妊娠・出産・育児という未体験のことに挑戦してみたかった。したことのないことをやってみたかったのです。

初めての子どもの出産予定日も迫ったある日、谷川俊太郎《たにかわしゅんたろう》さんの『はるかな国からやってきた』という詩集を読んでいると「ぼく」という詩に出会いました。

ぼくはこどもじゃない
ぼくはぼくだ
ぼくはおとなじゃない
ぼくはぼくだ
ぼくはきみじゃない
ぼくはぼくだ
だれがきめたのかしらないが
ぼくはうまれたときからぼくだ
だからこれからも
ぼくはぼくをやっていく

ぼくはぜったいにぼくだから
なんにでもなれる
エイリアンにだってなれる

確かに私の意志とは無関係に胎内で育ち、ぐるぐると動き回って手足を突き出しては私の腹の形を変えるこの子は、どう考えてもすでに「ぼくはぼくだ」と思っているようでした。私の意識の始まりがそうであったように、この子も僕であることを当たり前だと思って産まれてくるのだから、この腹の中の人は知らない人なのだ。そう思うと、とても自由でわくわくした気持ちになりました。

私の中に、私でない人がいる。しかもそれを自明のこととして、彼はもうすぐ外に出てくるのだ。爽快《そうかい》な読後感を味わいながら詩集を閉じると、私は上半身を預けていたクッションから身を起こしました。

そのとき、部屋の中で何かが破裂する音がしました。

ついに聞いてしまったか、これがきっとラップ音だ。見たことないけど、きっと霊がやって来たのだと確信するほど、それは大きな音でした。

羊膜《ようまく》が破れる音

やって来たのは確かに霊魂でしたが、死者のそれではなく、まさにこれから生れ出ようとする子どもの魂が、真新しい肉体ごと押し出されようとしていたのでした。大きな破裂音は、私の腹の中の羊膜が破れた音だったのです。

谷川さんの『はるかな国からやってきた』は、ですから長男誕生の書です。破水から3時間50分という早いお産でした。

取り上げられて腹の上に乗せられた長男を見たとき、へえ、こんな人だったのかと思いました。入学式で初めて同級生を眺めるときのように、物珍しく淡々とした気持ちでした。ずいぶん茶色くて立派な眉毛《まゆげ》だなあ。

可愛いというよりも珍しいという気持ちが強く、それが愛着に変化するのにはしばらく時間がかかりました。とにかくすべてが小さくてよく出来ていると感動し、壊さないように、生かさなくちゃという気持ちで手一杯だったのです。

そうして体験した初めての育児は、発見と喜びの毎日であると同時に、それまでなんとか押さえ込んでいた気持ちの蓋《ふた》を開けてしまいました。自分が母親になることで、私を育てた母親への怒りが噴出してしまったのです。

ねえママ、なぜ私を思い通りにしようとしたの？ なぜ、私に「あなたは誰」と尋ねようとしなかったの？ 私はただ、驚いて欲しかっただけなのに。見たことのない草の花が咲くのを眺めるように、あなたはそういう人なのね、って認めて欲しかったのに。私は泥人形ではないのだから、あなたの人生をやり直すための身代わりにしようなんて思わないで欲しかった。私は初めから、あなたが思いもしなかったような人生を歩むかもしれない隣人としてここにいたのです。

こう言い表せるようになったのは今だからで、当時は自分の感情の蓋が開いたことに戸惑い、振り回され、高圧で閉じ込められていた怒りが長い時間をかけて吐き出されるのを待たなければなりませんでした。

その過程で、思うようにならない子どもに怒りをぶつけ、持って行き場のない怒りを夫にぶつけ、初めての我が子を抱きながら大きな怒りの渦に押し流されて行く自分を恐ろしく、忌《い》まわしく思っていました。

戸惑いの中で無我夢中で育児して、長男が2歳になった頃、次男を妊娠しました。そのときにかかった産婦人科に併設されていた育児カウンセラーの相談室で、私は検診のたびに自分の怒りについての相談をするようになりました。そこで出会った先生がいなければ、その後の恐慌《きょうこう》を生き延びることはできなかったと、今もとても感謝しています。

カウンセリングで自分が何に怒っているのかが明らかになっていく最中に、私は次男を出産しました。比較的よく眠る子で育てやすかったのですが、怒りの蓋が開いた状態で気持ちが不安定になっていたところに産後の体力の低下と恒常的な睡眠不足が重なり、子どもを二人も育てられるだろうかという不安、職場復帰の不安も相まって、産後半年近く経《た》ったある日、パニック発作が起きました。診断名は、不安障害でした。

こうして33歳で、主に母との関係を中心とする成育環境が原因となって不安障害を発症しカウンセリングを受けたとき、臨床心理士は「よく生き延びたね」と言いました。その治療を経てようやく私は自分が何に苦しんでいたのかを知り、それに苦しんでいいことも知り、自分が生まれ育った家族を諦《あきら》めて、もう一度名前を持つ人びととして捉《とら》え直すことで共存できる距離をつかみました。40年近くかかって、私は借りを返すために生まれて来たのではないということに気がついたのです。

重すぎる愛の負債

　私が幼稚園に通っていた頃、ある冬の日に「サンタさんくるかなあ」と言うと、母は「今年のプレゼントは何がいいの？　買っておくから」と答えました。実は薄々、サンタクロースは作り話ではないかと思っていたのですが、さすがに衝撃を受けました。サンタがいなかったということよりも、自分の母親はよそのうちと違ってサンタがいるって言ってくれるママじゃないということに失望したのです。

　しかし、プレゼントは欲しい。オルゴール、と言いました。25日の朝、ファンシーショップの包み紙を開けると、水森亜土《みずもりあど》のイラストがついたピンクのオルゴールが出てきました。何も知らずに開けたかった、と無念に思いながら、それでもそのオルゴールは嬉《うれ》しかった。母も嬉しそうでした。しかし、何かが足りない、サンタが嘘《うそ》か本当かじゃないんだ、と思いました。家族に対して、共感して欲しいという思いが強かったのです。私が愛されたいように、私を愛して欲しい。そう願う私の強欲さを慰めて欲しいと思っていました。

　そして父も母も姉も、同じように共感を欲する人たちでした。欲しがり屋ばかりが集まったときには、一番無節操に欲しがる者が、他の者の取り分を脅《おびや》かす存在として非難と攻撃の対象になります。姉に9年遅れて生まれた私は、家中でたった一人の「子ども」でした。子どもであることは特権だと考える人びとの中にあって最年少であることは、最も無防備な富める者として、剝奪《はくだつ》の対象となることでもあります。そのようにして私は、小島家の鬼子《おにご》になりました。

そこに登場したばかりなのに「お前に奪われた、返してくれ」と言われても、私は自分が何を奪ったのかを知りません。私が生まれる前にそこにあった何かを、私が生まれることによって、誰かが失ったらしい。でもそれは私の手の中にあって相手に返せる物ではなく、私がいる限りそれは永遠に失われたままであるらしい。自分は喪失の対価なのだということがわかりました。

お前なんかいらなかったと言われたのではありません。私の誕生の物語は、家族の犠牲の上に成り立っていました。つまりそれは、お前がそこにいられるのは、自分たちがこれだけの物を差し出したからだ、と債権を突きつけられること。どうやってそれを返したらいいのか、私にはわかりませんでした。

家族という愛の債権者たちは、ことあるごとに返済額が足りないと言います。踏み倒しだとさえ言う。どんなに感謝しても、申し訳ないと思っても、乳を求めて泣くことからして、身体は欲しがるもの。生きようとすることは欲求すること。でも何かを欲しがるたびに、返さなくてはならないものが増えていく。返せと言われているのに返せないばかりか、さらに借りを増やすだけの自分の罪の深さと、それでも欲しがり求めることをやめられない浅ましさ。愛の負債は子どもが返すには重過ぎました。

既に前借りしてしまった愛情以上に求めることなんて、贅沢《ぜいたく》だ。命をもらっておきながら、さらに欲しがるとは恩知らずな。私は、いまから生まれたいので愛情と時間と自由とお金と食べ物を融通して下さいとは言いませんでした。でも、貸したと言う人がいるのだから、その証拠にここに身体があるのだから、きっと借りたのです。自分は、返せるあてもないのに生まれて、さらに奪いながら大きくなる横暴な子どもなのだ。予定外の誕生で家族にいくつもの借りを作ったらしいことに、幼い頃から私は責任を感じていました。

堕胎を薦められても拒み、出血多量で輸血まで受けながら自分の意志で生んだと繰り返し聞かされていたので、母が最大の債権者であることは明らかでした。一人っ子だったのに妹が出来て親の愛情を奪われた姉も当然債権者、家計を支えている父はさらに一人分の養育費を捻出《ねんしゅつ》しなくてはならないわけだから、やはり私は何かを返済しなくてはならない。

三重債務を負って、それでも自分の欲望を返上することは到底出来なかった私は、罪の子であるという強い自意識にとらわれていました。生きているだけで申し訳ない、生きようとするだけで厚かましい、いるだけで迷惑で、近くにいる人を必ず不幸にする。そう言われ、その通りだと思わずにはいられないほど、私はなおも欲しがり、求める子どもでした。

「死んだ方が絶対にいい」

今となっては、罪悪感を持ちながらも欲しがり求めることをやめなかったから、私はあの家族から独り立ちできたのだと思います。彼らは、あなたが大事だと伝えるのに「これだけしてやった」「こんな思いまでした」という言い方をするほかにいい方法を知らなかった。彼らもまた、受容のモデルを持たない人たちだったのです。「そこにいてくれてありがとう」と言われたことのない子どもだったのだと。

私に何も返せと言わなかった夫と出会わなければ、きっと私は生きるのにうんと疲れてしまっただろうと思います。不安障害に苦しんだとき、死のうと思いました。誰のことも幸せに出来ず、全《すべ》ての人に迷惑をかけて借りを作って、ろくに返済することも出来ずに恩義の負債にまみれて生きるぐらいなら、私がいなくなるのが一番いい。これ以上不幸な債権者を作らず、これ以上人から奪わないために、死んだ方が絶対にいい。子どもたちも今なら私のことは記憶に残らないだろう。夫と新しい正しいお母さんと暮らして行くのがこの子たちの幸せだ。私は生きている限り、一番大事な、一番よくしてくれる人たちを食いつぶすのだから。

夫は毎日、その訴えを聞いていました。私が発症する前と同じように、そこにいました。慌てうろたえたり、徒《いたずら》に励ましたり、そんなドラマのような反応はしませんでした。私から完全に日常が失われ、バランスを欠いた精神状態の中でもがいているときに、私の横にはいつも、そうなる前と同じ夫がいてくれたのです。それは何よりの支えでした。私は絶望していたけれど、彼は世界が終わったのではないことを示してくれたからです。

この世界で私の頭の中に湧き起こった嵐《あらし》が私の平穏を奪ったのは確かだけれど、それが世界そのものではないという証《あかし》が、温かい確かな身体として横にいたことが、いつもギリギリのところで私に希望を与えてくれました。またいつか、私も戻ることが出来るかも知れない。すぐ隣りにある、この穏やかで慣れ親しんだ日常に。

マンションの部屋の窓を開け、エアコンの室外機の上にしゃがんで下の道路をじっと眺めているときに、私はとても生きたかった。こうではない、与える人生を生きたかった。ここへ来てくれて有難う、あなたがいてくれて嬉しい、と言われるような人になりたかった。始めからやり直したかった。返しきれない恩義と愛情の負債をチャラにしたいと思いました。

そのとき、私を見つけて部屋に引き戻してくれたのは夫でした。夫は死なないで欲しいと言いました。生きていて欲しいと言いました。あなたはそれがどれほどあなたを不幸にするか分かっていない、と私は夫に訴えながら、本当は自分が死にたくないことを知っていたし、好きな人を幸せにするために生きられないのなら死ぬしかないという思い込みが歪《いびつ》であることも分かっていたけれど、他に自分に実現可能な「そうではない人生」があるなんて思いつきませんでした。でも夫は何も返してくれと言わなかったし、奪われたとも言いませんでした。そんなことが何度もあって、私は少しずつ、時間をかけて回復していったのです。

40歳になった時、私は夫に言いました。あなたに会っていなかったら、私は20代か30代で自分と二人きりでいるのに疲れて、死んでいたと思う。だから今の私は、予定よりも長く生きているのだと思っている。あるはずのなかった人生を与えてくれてありがとう、と。いつか同じことを、息子たちにも言うのかもしれません。

母はいつまでも少女のまま

母はレストランに行くと、店員さんに高飛車な態度を取る人でした。年を取ってからはそうではなくなりましたが、若い頃の母は「お店を出るときはごちそうさまなんて言わなくていいのよ。こちらがお金を払っているのだから」と言っていました。今考えるとぞっとする教育ですが、私は中学生になるまで、お店を出るときにごちそうさまと言うのは下品なことなのだと思っていたのです。

中学に上がって初めて、学校に隠れて入ったお店での友人たちの態度を見て、やはり言っていいのだと分かって安心しました。注文をするときにも母は気取った女主人風の態度で、私は幼いながらもそれを滑稽《こっけい》だと思っていました。

母は美人なのに劣等感の強い人で、人からバカにされまいとすることに必死で、それは子どもの目にも痛々しいほどの過敏ぶりでした。でもそれを笑うことが出来ないのは、彼女が孤独な人だったのを知っているからです。母はよく、友達のうちに遊びに行きたがる私に「友達がいないと寂しくて我慢出来ないの？　友達なんて、あてにならないものよ」と腹立たしげに言ったものです。母にも数は少ないものの友人はいます。長電話や文通をして楽しそうにしていました。でも母には心のどこかで、人は信用できないと思っている寂しさがあったように思います。子どもの頃、安静を必要とする胸の病気になって、1年ほど本も読まずに天井を眺めて寝ていたと言います。私は、彼女がその間にすっかり自分の世界に閉じこもって、出てこられなくなってしまったのではないかと推測しています。母はいつまでも、少女のままなのです。

母は、生真面目《きまじめ》で、無神経で、無防備で、無垢《むく》で、とても不安な女の子の心のまま、人との距離の取り方がわからずに生きています。なぜ自分が的外れなことをしてしまうのか、なぜ人に疎《うと》んじられるのか、わからずに戸惑っているのですが、それを客観視して打開する視点を持たないのです。それはきっと苦しいことでしょう。彼女との日々は私を摂食障害にし、不安障害にもしたのですが、それを経て今思うのは、彼女もずっと不安と孤独の中にあるのだということです。一緒にいることはとても難しいので離れるしかありませんが、彼女と私は似ているところもあります。人と人の間にあるものの曖昧《あいまい》さに戸惑っているということです。彼女はそれを眺めるための言葉を持たなかったけれど、私はどういうわけかたまたまそれを得て、なんとか生き延びているというだけの違いです。

もう何年も前、ある講演会の司会をしたとき、私には告げずに母が趣味仲間の友人と来ていました。ステージ上からそれを見つけた私は、仕方なしに休憩時間に顔を見せに行きました。まあ、あなたのお嬢さんなの？と驚く友人の言葉に母は満足そうでした。目立たないようにとかがんだ私のあごを母は犬でもなでるようにちょいと持ち上げて、得意満面の気取った笑顔を作りました。総毛立った私はあごを手で払いながら逃げるようにステージに戻り、言いようのない嫌悪感《けんおかん》に震えていました。

講演会のあと、会場の外で母の友人が私に声をかけてきました。そして後ろを確かめるようにして、小声でこう言ったのです。「ねえ、あなたのお母様、変わっていらっしゃるわねえ」確かに変わっているので、「悪気はないと思うんですけど、すいません」と適当に答えると、「あのね」とっておきのゴシップを話すように彼女は言いました。「あなたのお母様、いつもお稽古で自分の作品を先生が盗作したっていうのよ」彼女は笑いをこらえきれないという様子で「まあ、そんなはずないと私は思うんだけど……」小柄な彼女は上目遣いで、私の反応を探っています。それは明らかに、動物をなぶるときの顔つきでした。

母には困った癖があるのです。墓に行くと声が聞こえるとか、亡《な》くなった知人が死ぬ前に挨拶《あいさつ》に来たとか、それぐらいならそういうこともあるかと思えるのですが、暮らしの中のちょっとした偶然を神の啓示のように大げさに騒ぎ立てて、想像と現実とを融合させてしまうことがありました。名前が似ている有名人と自分を重ね合わせて半ば同一視してしまったり、自分が買ったものがたまたまその日にテレビで紹介されると、あら、どうして私が買ったってわかるのかしらと本気で言ってみたり、娘に至っては完全に自分と区別がつかなくなることがあるようで、テレビに映っている私の写真を無数に撮って、送ってくることがありました。封筒から出てきた大量の小島慶子のぼやけた写真を手にして、私は母がどんなつもりでこんなことをしたのか考えました。

やがて、これは母自身の写真なのだとわかりました。テレビに出ている娘は、自分自身なのです。だから、彼女は「娘がテレビに出ている」と認識すると同時に「自分がテレビに出ている」という感覚で写真を撮り、それを私に送ってくるのだと思います。真偽の程はともかく、若い頃に女優にスカウトされたが断ったと常々語っているし、そのときの芝生に座った写真まで見せられたので、あったかもしれないもう一つの自分の人生を娘に重ねているのかもしれません。他人が同じことをしたらストーカーめいていて恐ろしいですが、身内でも十分薄気味悪いものです。

ただ、彼女の混濁ぶりは、見ていて哀《かな》しくて、この人はこうして不可解な世界を何とか自分のものにしようとしてきたのだなと、気の毒に思いました。彼女は私に同化することで幸せになれる。ならば、それが私の生活を脅かさない限り、好きにさせておこうと思いました。そう思えるようになったのは、15年もの摂食障害の末に不安障害になり、自殺願望を抱くほど追いつめられた結果ではあったのですが。

話の通じない相手に通じるはずだと信じて話しかけ続けると人は壊れてしまうのを、私は身を以《もっ》て知っています。それはとても辛い経験でしたが、一度家族を諦めれば、名前を持った一人の女として母を捉え直すことが出来ました。すると見えてきたのは、娘を支配し憑依《ひょうい》する母親ではなくて、不安げに辺りをうかがう、孤独な少女だったのです。私はようやく母と出会えました。母親という記号に覆《おお》い隠されていた無防備な魂を見つけて、遠くからその幸せを願うことができたのです。母は他者を持たない人です。彼女が支配したかったのは、娘ではなく、自分の人生だったのかもしれません。

人は誰でも、思うようにならないことと出会います。そのときに、世界の見方を変えることで人生を受け入れようとします。でもやがて、そのものの見方が自分を縛ってしまうのです。たとえば財産に恵まれなかった人が、人間の価値は金じゃないと考えて自分を認めようとするうちに、金持ちは悪人だ、そうでない自分は、だから疑いなく善人であるというふうにだんだん視野を狭めてしまうように。

人は必死に世界と折り合いをつけようとして編み出した知恵によって愚者になることがある。それは誰にでも多かれ少なかれあることですから、私は今は、母によく生き延びたねと言いたいです。親の愛情に恵まれず、友達にいじめられ、戦争や貧困や病気を経験しながら、それでも幸せになりたかった人が、どうにかして世界を肯定的に捉えようとした結果、空想との境目が分からなくなったり、向き合うべき他者を見失ったのでしょう。きっと彼女も苦しんだのだと思います。

母が先生に盗作されたと言うのだと私に告げにきた人は、状況を楽しんでいました。ちょっとおかしな女と、そんな女を母親に持って困惑している娘の間を行き来して、どちらにも火薬を振りかけて、様子を見て楽しんでいる。こんな人を友達だと言っている母が心底可哀想《かわいそう》になりました。その無邪気さが切なかった。母の奇行にはうんざりでしたが、彼女にはこの女のような嫌らしさはない。私はこの女ではなく、母の娘でよかったと思いました。

母性という原罪

私の不安障害の症状は半年で落ち着きを見せたものの、生まれ育った家族との関係を一度諦めて再度捉え直す作業はその後何年も続きました。

今は、父も母も姉も、ただ彼らなりに幸せになろうとしたのだと分かります。そのやり方がたまたま私を追いつめたのだけれど、私もまた、「扱いづらい子ども」として彼らを追いつめたのだと思います。

父は形だけでもいいから温かい平穏な家庭をその目で見たかった。母は自分がして欲しかったように子どもにしてやることで満たされたかった。姉は妹という突如現れた理不尽な存在との折り合いを付けるのに苦しんだ。

私は父の望む絵になる家庭の役柄を演じようとせず、母の望んだような愛され方が性に合わず、姉の感じている理不尽さにも無関心で、遅れて来た暴君のように振る舞ったのかもしれない。それは彼らにとって、理解しがたい、受け入れがたいことだったのだと思います。それにも拘《かかわ》らず、彼らは私をなんとか理解しようと彼らなりの努力をし、精一杯の愛情を注いだのでしょう。

聞き分けのない私を育てながら、母は何度追いつめられただろう。学費の高い学校に通う私を養うために、父はどんな思いで毎朝満員電車に乗っただろう。本が嫌いな私に根気よく読書を教え、こっそりギャグ漫画を貸してくれた姉は繊細で強がりの女の子だったのかも知れない。誰が悪者かを決められないのが家族のしんどいところだと思います。それぞれが懸命に幸せになろうとする場所が家庭で、それゆえにときに修羅場にもなるのでしょう。

他人も、自分の人生も、決して思い通りにはならない。そのことを受け入れるのにはとても時間がかかるし、受け入れがたいときもある。それでも生きて行くために、ものの見方を歪《ゆが》めたり、誰かを悪者にしたりする必要があるのかもしれません。家族もまたそういう装置の一つなのでしょう。

容姿や家族、何一つ選べずに産まれて来た私たち。それがいつの間にか「何でも選べる」と言い聞かされて大きくなりました。父も母も姉も私も、明日は今日より豊かになるという日本を生きながら、仕事も、結婚も、家族も、たくさんの選択肢が用意されていて、あなたの努力次第で人生はどんな風にも変わるのですと夢のメニューを提示されて大人になりました。思うようにならなかったことを負けだとか落ち度だとか思わなくてもいいのだと、それぞれが傷つきながら気がつくのにはうんと時間がかかったのです。

15歳から始まって、最初の子どもを産む30歳まで、15年に及ぶ私の摂食障害は自分を罰して半殺しにする行為でしたが、もう半分では熱烈に生きたがっていました。それは自然の欲求でもありましたが、「人生に期待せよ」と私に言い聞かせた母のおかげでもありました。

母は、娘たちに憑依することで「あったかもしれない人生」を生きようとしました。自分が理想とした玉の輿成就《こしじょうじゅ》のために、娘には人生を大切にし、向上心を持ち続けて欲しかったのでしょう。きっと素晴らしいシアワセがあなたを待っているのだから、それを逃がしちゃダメよ。未来は必ず、今よりよくなるはずだから。それは母の願いというよりも、強い執念でした。

母に憑依されることで私は苦しみ、その除霊のために自傷行為である過食嘔吐《おうと》を繰り返し、それがようやく治まったと思った頃、自分が母親になったことをきっかけに、内面化された母との不適合に苦しんで、不安障害になりました。けれど「生きることに期待する」という習慣は、最終的に私に死を思い止《とど》まらせました。

幼い頃に繰り返し刷り込まれたメッセージは、人を殺しもするし、生かしもする。その両方を同じ母から与えられることもあるのだということを私は知りました。親になることはその原罪を負うこと。私の二人の息子たちにも、いつかそのように親を殺し、親に生かされる日が来るのだと思います。

あとがき

生まれ育った家庭のこと、出会った友人たち、仕事で知り合った人びと、私はこの連載でずいぶんと勝手な思い込みで人物像を描き、当人に確認しようもない記憶について書き綴《つづ》ってきました。それが客観的な事実であったと証明することはできません。そのようないかがわしいものを書き綴ることに一体なんの意味があるのだろうかと、後ろめたさも抱いたのですが、これは私に何が起きたかの検証ではなく、私にはどう見えたかの記録なのだと思って筆を進めました。

書き終えて一冊の本にまとめたあと、家族との記憶が次々とわきあがってきました。オーストラリアの家の廊下を私を肩車して〝どんちきち、どんちきち〟と何度も往復してくれた父。シンガポールで私を膝《ひざ》にのせて歌いながら、窓の外の南十字星を見せてくれた母。ニューヨークで私と閉館間《ま》際《ぎわ》まで博物館を見て歩いてくれた姉。これらの温かな記憶を、今までどこにしまいこんでいたのだろう。たとえ思い出しても、素直に喜べないわだかまりが、長い間私の心に凝り固まっていました。41才になってこうして家族との関係をもう一度とらえ直してみてようやく、彼らを懐《なつか》しく思うことができたのです。

その途端、新しい不安に苛《さいな》まれました。私は、何もかも思い込みで歪《ゆが》めてしまったのかも知れない。記憶も、カウンセラーに語った心情も、全《すべ》てが私の捏造《ねつぞう》だとしたら？　……どれほど実感を伴っていようとも、私は自分の見た家族しか生きられない。彼らの見た家族を、彼らの痛みや喜びをもって生きることは、たとえ血のつながった間柄であっても、決して叶《かな》わぬこと。それはなんと切なく、淋《さみ》しく、逃れようのない気づきでしょうか。

しかしこれほど苦しんでもなお、家族の全てを誤解していたのかもしれないと思わずにいられないほど、人が家族に縛られることもまた、悲しい事実なのです。

人は家族を諦《あきら》めることは、もしかしたらできないのかもしれません。けれど、手放すことはできる。縋《すが》りつき絡《から》みつけた手を放して、お互いを自由にすることはできます。それは全てをいいようにも悪いようにも誤解する自分の曖昧《あいまい》さを引き受けることであり、相手も同じように不確実な存在であることを受け入れることなのでしょう。思い込みと思い込みの出合うあわいに、偶然得られた安らぎが、人を生かすことがある。そんなことでも、人は生き延びられるものなのだと思えば、この世もまんざら捨てたものではないという気がします。

1年間、この連載のページを読まずに飛ばした人がたくさんいるだろう。あるいは読んでいる人のうち大半は、出たがり女の露悪的な自意識垂れ流しだと思いながら読んでいたのかも知れない。それは幸いなことに、私には与《あずか》り知らぬことなので構わない。

でももしかしたら幾人かは、私がどのように世界を見たのかをなぞることで、自分には世界がどう見えるのかを考えやすくなったかも知れない。ふと目にした文章で、記憶の引き出しが開くことがあります。歩幅が似ているというか、辿《たど》る道筋が性に合ったために、今まで混乱していた考えや、気がついていなかったモヤモヤが晴れることがあるのです。

そうだったらいいなあ、と思いながら書きました。これまで私もそのようにして、気持ちが楽になることが何度もあったからです。

生後1ヶ月の長男と産後初めて外に出たとき、寝る間もない新生児育児の毎日で私は疲れきっていました。こんなに弱い人をこの先自分は守って行けるのだろうかと、久々に吸った外の空気に気後れしながら、不安でいっぱいでした。そのとき、通りかかった熟年女性が息子の顔を覗《のぞ》き込むと「あら、赤ちゃん可愛《かわい》いわね。今は大変でしょ。でもだんだん楽になるからね」とにこやかに言い残して、去って行ったのです。15秒ほどの通りすがりの声がけに、有り難うございますと頭を下げることしかできませんでしたが、このときほど人の言葉の力を感じたことはありませんでした。

たまたま赤ちゃんが好きだっただけかもしれない。もしかしたら何か嬉《うれ》しいことがあったついでの、気まぐれだったのかも知れない。その人がどんなつもりで私と息子に声をかけたのかは分からないけれど、そのとき私は救われました。不安で不安で仕方のない孤独な毎日を、誰かに分かって欲しかった、大丈夫だよと言って欲しかった。まさにそのときに、彼女が言葉をかけてくれたのです。

ああ、言葉は受け取る人のものなのだと思いました。何気ない社交辞令でも、受けとった人の思いが強ければ、それは砂漠で得た泉のように命を潤《うるお》すものになる。風景の見え方が変わる、呼吸が楽になる。言葉を放った人はそれを露《つゆ》ほども知らずに立ち去ったけれど、何よりも今その言葉を欲していた私にとっては、彼女は命の恩人なのだと思いました。

言葉遣いに敏感な職業に就いていた私は、それまでは特別な言葉が人の胸を打つと考えていました。個性的な表現、研ぎすまされた語彙《ごい》、絶妙な言い回し。人と違った価値を言葉に付与出来る人にならなくては。特別な喋《しゃべ》り手に。

でも、違った。サンダル履きに普段着の見知らぬおばさんが、私が一番欲しかったものを、一番心細いときにくれた。なんの目新しさもなく、洗練されてもいないごく平凡な会話の中で、私は生かされたんだ。受け手の渇きが、平凡な言葉に力を与えるのだと気がついたのです。だとすれば、私がふと放った言葉が誰かの渇きに届くこともあるかも知れない。自分は無力ではないと思いました。ごくありふれた言葉でも、誰かの泉になれるのだと。

この手記を書きながら、何度もそのことを考えました。こんな個人的な回想の羅列でも、もしかしたらあの時のおばさんに、私もなれるかも知れない。

家庭や学校に居場所が見つからなくて鬱屈《うっくつ》していた中学生の頃、毎晩聴いたラジオや、週末のテレビ画面の向こうには必ず私を笑わせてくれる大人がいました。仕事で失敗して、この世から消えたい気持ちで家に帰って来ても、音楽や本がそれをひととき忘れさせてくれることもありました。どんな番組だったか、どんなストーリーだったかは忘れてしまっても、そのとき私のそばにあったラジオやテレビや本や音楽は、確かに温かな世界がそこにあることを身体《からだ》に刻んでくれたのです。

これまで生きてきた中で、名前も忘れてしまった誰かの冗談や、二度と会うこともない人の一言が、もしかしたらこの世は捨てたものではないのかも知れないと思わせてくれる微《かす》かな舫《もや》いになったことがありました。ありふれた体験の積み重ねは、人生に期待することを教えてくれました。そのあてもない期待がどれほど強く私を世界に結びつけたかを、私は忘れることができません。

もしもあなたが私の書いたこの手記を読んで、忘れていたことを思い出したり、思い出したことを片付けたり、あるいはただなんとなく毎回時間がつぶせたなら、嬉しいです。人生には、時間をつぶすのにとても工夫が必要なときがありますから。

読んで下さって、有り難うございました。

この本は、私に手記を書くよう勧め、連載を毎度励まし温かく見守って下さった新潮社の大畑峰幸さん、それをまとめるにあたってたくさんのヒントを下さった同・西麻沙子さんのご尽力なくしては、決して世に出すことができませんでした。「いつか家族のことを書いてみたら」とすすめてくれた神足裕司さん、宇野淑子さん、私を絶望と不安の中から救い出してくれたS先生とU先生、私に言葉を与えてくれた姉と、命を与えてくれた両親、そしていつも私を笑わせてくれる夫と二人の息子たちに、心からの感謝とともにこの本を捧《ささ》げます。

二〇一三年十二月

小島慶子

文庫版あとがき

今回、文庫化にあたって、内容にはほとんど手を入れませんでした。２０１６年現在の私が加筆修正してしまうと、当時、この手記を綴っていた頃の私の書いた本とは違うものになってしまうからです。生きることは、変わってしまうこと。同じ出来事でも、時と共に見え方が変わってしまうことはよくあります。今は、当時のような御しがたい怒りや怨嗟《えんさ》も、痛みを伴う諦《あきら》めもありません。ただ、私たち家族が懸命に幸せになろうとしたその破れかぶれの愛憎の日々を、取り返しのつかない思いで振り返るだけです。

当時の「あとがき」にあるように、執筆しているときから私はずっと「自分にはこのような記憶があり、このように見えていたけれど、多分、父も母も姉もそれぞれに異なる、家族との記憶を生きているはずだ。では、私にとっての家族との物語は、全くの思い込みなのだろうか。全ては私の曲解で、作り事なのだろうか」という疑問と不安に苛《さいな》まれていました。そして、実はどんな人間関係もそのような「自分の中に取り込んだ相手との物語」からは、自由になれないのだとも思うのです。

ではその孤独な幻想を持ち寄って、私たちはどのように家族を営めばいいのでしょうか。思い込みかもしれない記憶が自分を苛むのだとしたら、その責め苦をどう克服すればいいのでしょう。

私の場合はやはり、彼らが誰だったかを知ろうとすることでした。少なくとも彼らが何に傷つき、それを何で埋め合わせようとしたのかを知ろうとすることでした。それはとりもなおさず、私が何者であるかという問いでもありました。ですからこの本では、家族との話は全体の一部で、多くは私がどのようにして世界を見てきたかという個人的な記録を綴《つづ》っています。

書くという作業は、30歳で長男を産んでから向き合うことになった生育家族との問題を乗り越えるための、長い旅路の総仕上げであり、生きづらかった自分の人生を俯《ふ》瞰《かん》する試みでもありました。それが当時の私の持つ偏《かたよ》りを反映していたことは否めません。でも、それをそのまま残すことにしました。

私の両親も姉も、懸命に幸せになろうとしてもがいた、私と同じように不完全な人々です。彼らが、この本を読んでどれほど傷ついたかを思うと、なぜ自分はこの話を書いたのだろうかと自問せずにはいられません。でもやはり「私にはこのように見えた。それは極めて主観的な物語で、全くの思い込みかもしれない。けれど、家族というのはこういうことが起きる場なのだ」ということを書きたかったのです。各々の「あるべき家族像」を求めすぎて、追い詰め合う場なのだと。私が自分自身を受け入れるのに大変な時間がかかったのと同じように、彼らもまたそれで苦しんでいたのだということがわかりました。私たち4人は、あまりにも渇きが強すぎて、全員が傷ついたのです。

この本が世に出る直前に、私は夫と子供達といっしょに、自分が生まれた街、オーストラリアのパースへと引っ越しました。両親は、それをとても喜びました。彼らにとって、彼の地での日々は、鮮やかな子育ての思い出に満ちた特別な記憶だったのです。そうとは知らず、両親に相談もなく、ただ子供の長期留学先として諸条件が揃《そろ》っていたのでパースを選んだことが、結果として私が両親の人生を肯定することになりました。娘が人生のスタートの地でもう一度生きることは、彼らに取っても救いでもあるのかもしれません。

空港に見送りに来た両親と出国前に交わした握手は、忘れることができません。彼らの手は柔らかく、温かく、惜別と祝福と言葉にならない思いを、静かに伝えてくれました。これまで何度となくつないだ手が、こんなに繊細で饒舌《じょうぜつ》であったことを、私は初めて知ったのです。これまでの人生がようやく振り出しまで戻って、やっとやり直せる気がしました。と同時に、こんな形でしか出会えなかったのかと涙が止まりませんでした。互いに愛して欲しいと思っているのに、互いを大事にしたいと思っているのに、どうしてこんなことになってしまったのだろうと。「違う形で出会っていれば、私はもっと、彼らを幸せにできたのではないか」両親と別れた後も涙が止まらず、出発ゲートで嗚咽《おえつ》し続ける私に、夫は言いました。今日の二人の顔を見たかい? 慶子は、彼らを十分幸せにしているよ。今日の笑顔が全《すべ》ての答えなんだ。

2年経《た》って、もはやパースは懐《なつ》かしい我が家になりました。私が生まれた街が、私の息子たちにとってのホームになっていくのを見るにつけ、かつてこの地でスタートさせた人生をもっと違う筋書きで生きることもできたのかもしれないと、とりとめのない思いにかられることがあります。私の両親は2週間に一度ほど、インターネットのテレビ電話でオーストラリアのパースに住んでいる孫たちと話します。私もパースに戻っているときは映り込んで、いろいろと昔の、つまり彼らが私を育てていた頃のパースの話を聞きます。動物園へ行っても、40数年前に母に連れられて来たという記憶は蘇《よみがえ》りません。でも、私がすっかり忘れているものが、母の記憶の中には鮮やかに残っていることを確認すると、どこか知らない場所でもう一人の自分が生きているような、不思議な気持ちになるのです。もしかして、私が知っているのと全然違うものかもしれないもう一つの人生が、確かにあるのだと。

ここ数年の「毒親ブーム」は、ただ親を断罪し、恨み言を言い散らすだけが目的ではないはずです。今、この本を手に取っているあなたにも、いろいろな葛藤《かっとう》があるはず。辛《つら》いなら、怒っていい、思いを吐露していい。それを経て、「ではなぜ私にはそのように見えたのか」「なぜ彼らはそうしたのか」を考える日が来るでしょう。できればこの本が、あなたが自分自身をいたわり、記憶の中の家族と出会い直すきっかけとなりますように。

文庫化にあたり、副題を「しんどい親から自由になる」から「母の苦しみ、女の痛み」に変えました。なぜ、母であることはこんなにも重いのか。なぜ、女であることはかくも生きづらいのか。その問いを母や姉と分かち合い、しみじみ語り合う日はおそらく来ないでしょう。でも、彼女たちも、私と同じかそれ以上に、そのしんどさを生きたはずです。

何が私たちを生きづらくしているのか。父が、母が、姉が、私が生真面目《きまじめ》に体現しようとした「あるべき幸せ」は、誰によって強いられたものだったのか。多くの人が疑いもなく信じたその大きな物語が私たちをこんなに苦しめているのだとしたら、もう捨てるべきなのです。新たな幸福論を打ち立てるのを邪魔しているのは、目の前の誰かではなく、今まで繰り返し見せられてきた「あるべき家族像」なのかもしれません。それは誰のために「あるべき」だったのか。私の世代の女性は、それに気づいた世代でした。女という役割には幾つもの要求があって、とても全てを一人でこなせるものではないと。

生き方に疑問を持ちようのなかった男性たちも今、過酷な労働に疲弊して、これは誰のための「男らしさ」か？と揺らぎ始めています。今は一人で家計を支えている私は、初めて父をとても身近に感じています。働き続け、家族を養い続ける人生は、さぞしんどかったろうと。働くお父さん、家を支えるお母さん、良い子の子供たち、ニコニコ仲良しの一家団欒《いっかだんらん》……そうでない風景の中にも、私たちの生きる場所はあるはずです。全員で歯を食いしばって、絵になる家族のお芝居を続けなくても、一緒に生きていけるはずなのです。そう、縛りを解いても、人生は続く。

バラバラの私たちが、互いに決して知ることのない自分だけの物語を生きている。この変えようのない事実は、人を孤独の檻《おり》に閉じ込めます。そして孤独は、すぐ隣にある孤独に向かって、そっと手を伸ばさずにはいられません。人には、この世に自分を繋《つな》ぎとめておくものが必要だからです。そんなふうに手探りで、これからも私は生きていくでしょう。

連載の機会を下さった新潮社の大畑峰幸さん、単行本化にあたりご尽力下さった同・西麻沙子さん、時間のない中、日豪で連絡を取り合って文庫化をご担当くださった大島有美子さん、そして作品への理解が深まる素晴らしい解説をお書きくださった信田さよ子先生に、心より御礼を申し上げます。

最後までお読みくださり、誠にありがとうございました。

二〇一六年六月

小島慶子

解説

信田さよ子

同性の親子である母と娘について、ここまで書かれ語られる時代があっただろうか。マスメディアに母娘問題が溢《あふ》れているさまは、まるでパンドラの箱が開けられたようにも思える。2008年拙著『母が重くてたまらない―墓守娘の嘆き』が出版されて以来、今日にいたるまで多くの書物や記事が繰り返しこのテーマを取り上げてきた。本書の解説を始めるにあたって、まずその背景と歴史を概説しておこう。

歴史的に振り返ってみれば、母と娘の関係がとりあげられるようになったのはそれほど昔のことではない。19世紀末のウィーンで誕生した精神分析は、親子関係が人間の成長において大きな役割を果たすことを初めて主張した。代表的人物であるフロイトは、中でも息子と父との関係を最重要なものとして位置づけ、エディプスコンプレックスという言葉を提唱した。男児が最初の異性である母を欲望の対象とし、それが母の夫＝父によって禁止され母と切断されるとしたのである。このような父との葛藤《かっとう》を、象徴的な父殺しによって乗り越えること、そして母への欲望を断念することが、「自我」の形成にとって不可欠なプロセスであるというのが、フロイト流の精神分析の基本となっている。

この理論において、娘はいったいどこにいるのだろう。それを大きな問題として取り上げたのが、1960年代末に欧米で誕生した第二波フェミニズムに影響を受けた女性たちであった。女性の成長や自立、母と娘の関係がどこにも位置づけられていないことを批判し、1977年ナンシー・フライデーによる、初めて母娘関係をとりあげた本『母と娘の関係―「母」の中のわたし、「わたし」の中の母』（河野貴代美・俵萠子訳、講談社、1980）が出版されたのである。その後多くの欧米のフェミニストたちがすぐれた研究を積み重ねてきたが、母と娘というテーマが70年代に広がったフェミニズムをその源流としていることを強調しておきたい。

日本におけるもうひとつの広がりの原点は、アダルト・チルドレン（AC）という言葉にある。「現在の自分の生きづらさが親との関係に起因すると認めたひと」を定義とするACは、阪神淡路大震災の翌年の1996年にブームともいえる広がりを見せた。ひとくくりに親といっても、当時から「母親」との関係に苦しむひとのほうが圧倒的に多く、現在まで継続して実施している女性を対象としたACのグループカウンセリングにおいても、彼女たちの8割以上が母との関係に疲れ果てていたことについて、ずっとなぜだろうと考え続けてきた。それが母と娘との関係というテーマにつながっていったのである。

さて、2011年の東日本大震災以降、母娘問題をとり上げるメディアに変化が生じた。次々と母との関係を記した著書やコミックが出版されるようになったのである。いっぽうで、こうすれば母親を捨てられますといったハウツー本も氾濫《はんらん》し、タレントによる赤裸々な体験記とともに書店には母娘コーナーまで現れた。本書はそんな体験記のひとつとして位置づけられるかもしれないが、よく読めばその射程の広さ、洞察の深さからみて他書をよせつけない内容となっている。

女同士だから仲が良くて当然、親子なんだから一時的なケンカか単なるすれ違いに過ぎない。こんなにヒステリックに騒ぐなんてやっぱり女性の世界で起きることは理解できない。多くの男性は、こうして母娘問題を理解不能で無関係なこととして目を向けようとしない。単なる感情的ないがみ合いだとするのは、誤解に基づいた矮小化《わいしょうか》である。

日本社会の常識は、母のことを批判しあげつらうことを何よりタブーとする。それがどれほど根強いかは、母親に関する批判をひとことでも口にしようものなら飛んでくる非難と、やんわりとした母親擁護の態度をみればよくわかる。本書も含めて、多くの母娘本はそんなタブーへの挑戦を覚悟して書かれているのだ。体験記の多くが暴露本的な装いをとっているにしても、ある種の勇気がなければ書くことも出版することも不可能だったろう。それだけでも称賛に値すると言いたい。

マスメディアでは名前の知られた著者が「初めて書いた生い立ちの手記」としてまとめられた本書は、読み進むうちにいい意味で読者を次々と裏切っていく。母娘本というジャンルには収まりきらない射程距離の広さを示し、読み手の関心によってさまざまな焦点の当て方が可能になるからだ。たとえば、１９７０年代、日本経済が勢いを保っていたころの海外駐在員の家庭がどのようなものだったかが、オーストラリアやシンガポール、香港での情景とともに描かれる。異国で閉じられた核家族において、容易に家族内の支配関係が暴力に転化することも手に取るようにわかる。摂食障害は単なる病気というより、当事者にとっては生きていくために必要な行為であることも汲《く》み取れ、同じ症状に苦しんでいる女性たちは勇気づけられるだろう。何より、女子アナという華やかな職業の実態には驚かされる。最先端の報道に携わる職場の男性中心的な仕組みや旧態依然ぶりがここまで率直に語られたのは、おそらく初めてではないだろうか。みんなが憧《あこが》れる職業の裏側を知り尽くし、それに屈服せずに逞《たくま》しく荒波をサーフィンし続ける著者の姿ももうひとつの醍醐味《だいごみ》である。

多くの苦しんでいる娘たちのカウンセリングをとおして学んだことがある。母を恨んだり、あやまってほしいと迫ることは、母親への依存の裏返しにすぎないということだ。娘たちに必要なことは、母親と距離をとること、自分の頭のてっぺんから爪先《つまさき》まで全身を浸している母からの影響・呪縛から脱して生きることである。そのためにはどれほど自分が母という存在に縛られているか、どれほど母の言葉に支配されているかを知らなければならない。もちろんそれらは、こんなことを言っていいのか、ひどい娘じゃないのか、母には自分しかいないのでは、といった罪悪感を伴った苦しい作業である。

そのために必要なことは「母親研究」である。母親がなぜあのようにしか生きられなかったのか、なぜあのような行動をしたのか、母にとって結婚とは何だったのか……を徹底して探り言語化することが母親を研究することになる。もちろんそこには父との関係も含まれる。仕事を口実に母と娘の関係を見て見ぬふりをし、時にはまったく無関心で過ごしてきた父親は、実は母のパートナーなのである。背後の重要人物として彼も研究対象としなければならない。

著者の母親は団塊の上の世代にあたる。実は2008年からの母娘問題の顕在化に際して旗振り的な役割を果たしたのが著者と同世代の女性（娘）たちであった。当時アラフォーと言われた彼女たちは、出版社やマスコミなどで活躍していたので、さまざまな媒体やネットをとおしてこのテーマを発信し続けたのである。「母が重い」「母と会うことが苦しい」といった娘たちの思いは、こうして広がっていったのである。

その母である団塊女性たちは、戦後民主主義教育を受けて、男女平等の理念や自己実現の可能性を信じて成長した。しかし彼女たちが結婚になだれ込む60年代から70年代は、ニューファミリー全盛期であり、専業主婦率がもっとも高かった世代である。このことが、母親たちの満たされなかった自己実現欲求と結婚生活に対する深い失望感につながったはずだ。時としてそれは娘への嫉妬《しっと》や人生の代理走者としての期待へと転化していく。

このような母の不幸と満たされなさの正体を個人的で心理的なものとしてとらえれば、母の性格や病理に帰すことになるだろう。そんな行き詰まるような試みは意味がない。母の生きた時代背景とともに同じ女性として母の人生を探りそれを言語化すること、そうやって母親研究を試みることで、初めて母親を自分とは別の、ひとりの女性としてとらえることができるだろう。そこから同じ女性としての母が浮かび上がり、同時に同じく子どもの母である自分が浮かび上がるだろう。

多くの犯罪被害者は、加害者研究（なぜ加害に及んだか）を行わずして被害から回復することはむつかしいと言われる。加害者を憎むことは当然であり、時には復讐《ふくしゅう》したいと思うだろう。しかしそれだけでは被害者は少しも楽にはならず、解決にはならない。かといって許せと迫ることも暴論だろう。加害者について知ること、そして研究することが第三の方法として浮かび上がる。

これを母と娘に置き換えてみれば、母親研究の意味はおのずと明らかになるだろう。母を憎んだり恨むこと、時には復讐しようとすることは何の解決にもならない。本書の「母の苦しみ、女の痛み」というサブタイトルは象徴的である。母を研究すれば、同じ女性としての苦しみや痛みがそこから浮かび上がってくるはずだ。母の縛りのからくりも透けて見えるだろう。

娘たちの苦しみは、母親を礼賛し母との絆《きずな》を至高のものとする日本という国で生きざるを得ないこととつながっている。それは母たちが母であることから逃れられないことと表裏一体だ。そんな私たち女性がどうやって母から遠ざかり、距離をとるか。どうやって母（であること）から解放されるかについて、本書は身をもって描き切った一冊である。

（二〇一六年六月、臨床心理士）

この作品は二〇一四年二月新潮社から刊行された。

解《げ》　縛《ばく》

母の苦しみ、女の痛み

新潮文庫　こ－63－1

平成二十八年八月一日発行

著者　小《こ》島《じま》慶《けい》子《こ》

発行者　佐藤隆信

発行所　株式会社 新潮社

郵便番号　一六二—八七一一
東京都新宿区矢来町七一
電話 編集部(〇三)三二六六—五四四〇
　　 読者係(〇三)三二六六—五一一一
http://www.shinchosha.co.jp

価格はカバーに表示してあります。

乱丁・落丁本は、ご面倒ですが小社読者係宛ご送付ください。送料小社負担にてお取替えいたします。

印刷・大日本印刷株式会社　製本・株式会社植木製本所

ISBN978-4-10-120506-9　C0195